Vito Tagliente

Selbstkontroll-aufgaben Deutsch

5. Klasse

Lehrplanrelevante Arbeitsblätter mit integrierter Lösung

Auer Verlag

Bildquellenverzeichnis:

S. 56 f. Aufzug: AIGA, Wikimedia
Brandmeldetelefon: T. Michel, Fotolia
Briefkuvert: AIGA, Wikimedia
Damen-WC: Lateiner, Wikimedia
Defibrillator: Stefan-xp, Wikimedia
Dusche: John, clker.com
Feuerlöscher: Superedit, Wikimedia
Fußball/Tennis: Parutakupiu, Wikimedia
Herren-WC: AIGA, Wikimedia
Information: AnyFile, Wikimedia
Offenes Feuer: Torsten Henning, Wikimedia
Pause/Play: icon leak, Wikimedia
Rauchverbot: Torsten Henning, Wikimedia
Rutschgefahr: Torsten Henning, Wikimedia
Toilette: AIGA, Wikimedia
S. 67 Der gestiefelte Kater: namosh, Fotolia
S. 70 Zwergotter: ArtMechanic, Wikimedia

Gedruckt auf umweltbewusst gefertigtem, chlorfrei gebleichtem
und alterungsbeständigem Papier.

1. Auflage 2013
Nach den seit 2006 amtlich gültigen Regelungen der Rechtschreibung

Illustrationen: Steffi Aufmuth, Corina Beurenmeister, Julia Flasche, Carmen Hochmann, Hendrik Kranenberg, Steffen Jähde, Stefan Lohr, Tina Pohl, Georg Wieborg
Satz: krauß-verlagsservice, Augsburg
Druck und Bindung: Joh. Walch GmbH & Co. KG, Augsburg
ISBN 978-3-403-**07322**-2

www.auer-verlag.de

Inhaltsverzeichnis

Vorwort 4

Sprechen und Schreiben

Wortkombinationen 5
Wortschatz erweitern – Wortfelder bilden 8
Viele Wörter, eine Bedeutung – Synonyme 10
Ein Wort, viele Bedeutungen – Homonyme 12
Richtig argumentieren 13
Anschaulich erzählen – treffende Verben 15
Anschaulich erzählen – genauere Adjektive und Ergänzungen . . . 17
Mündliches und schriftliches Erzählen . . . 20
Örtlichkeiten genau beschreiben 22
Eine Geschichte wird weitererzählt 25

Rechtschreibung und Zeichensetzung

Auslautverhärtung – Wörter verlängern 28
Zeichensetzung bei wörtlicher Rede 29
Lange Vokale 31
Doppelkonsonanten 33
Rechtschreibfehler identifizieren 35
Im Wörterbuch nachschlagen 37

Grammatik

Konjunktionen erkennen und verwenden 39
Präpositionen 41
Wortarten unterscheiden 43
Adjektive richtig steigern 45
Satzglieder ermitteln und unterscheiden . 48
Zeitformen – Präteritum und Perfekt 51
Die Verwendung des Präsens 53

Lesen

Piktogramme lesen 56
Genaues Lesen – Wer sagt was? 58
Märchenmerkmale kennenlernen 61
Märchenmerkmale identifizieren 63
Genaues Lesen – Fehler in einem Märchen finden 66
Genaues Lesen – Fehler in einer Erzählung finden 68
In Sinnabschnitte gliedern 70
Zwischenüberschriften zuordnen 72
Sinnentnehmendes Lesen 74

Lösungen 76

Vorwort

Motivation und selbstverantwortliches Üben sind Qualitätsmerkmale für einen guten und effektiven Unterricht.

In der Praxis sind diese Ansprüche nicht immer einfach und schnell umzusetzen. Klassenzusammensetzungen werden in Bezug auf schulische Leistungen immer heterogener. Im Gegenzug müssen Schüler[1] selbstständiger arbeiten, damit die Lehrkraft jedem Einzelnen die notwendige und individuelle Unterstützung bei auftretenden Schwierigkeiten bzw. Problemen bieten kann. Die Arbeitsweise soll nicht mehr vordergründig an den Lehrer gebunden sein, denn nur so kann er den unterschiedlichen Leistungsniveaus der Klasse gerecht werden. Daher muss die Selbstkontrolle von Arbeitsergebnissen und Denkprozessen durch Schüler eine immer stärker werdende Rolle im Schulalltag einnehmen.

Die vorliegenden Arbeitsblätter sind alle aus eigenen Unterrichtserfahrungen entstanden und wurden bereits intensiv erprobt. Durch die unterschiedlichen Aufgabenformate und das System der Selbstkontrolle konnte im Rahmen der Erprobung festgestellt werden, dass den Schülern das Bearbeiten der Arbeitsblätter viel Spaß bereitet hat und auch viele, sonst eher zurückhaltende Schüler, motiviert gearbeitet haben.

Durch die didaktisch-methodische Aufbereitung der einzelnen Thematiken kann die Lehrperson die Arbeitsblätter individuell den einzelnen Lernniveaus der Schüler angleichen. Eine weitere Differenzierung erfolgt durch die eigene Wahl des Lerntempos und des Lerngegenstandes bei der Bearbeitung des Aufgabenangebotes.

Die Schüler können das Material eigenständig erarbeiten und selbstständig kontrollieren. Die Lehrkraft muss hierfür keine zusätzlichen Lösungen anfertigen, da die Schüler bei richtiger Erarbeitung eine Ergebnisrückmeldung durch beispielsweise entstandene Ausmalbilder, Lösungssätze, Punktebilder usw. erhalten.

Mit Hilfe von unterschiedlichen Selbstkontrollmöglichkeiten übernehmen die Schüler mehr Verantwortung für ihr eigenes Tun. Durch den Einsatz dieser Arbeitsblätter können Deutschstunden abwechslungsreich und interessant gestaltet werden.
Sie eignen sich hervorragend als ergänzendes Material für den Unterricht. Ebenfalls können sie im Rahmen von Freiarbeit, Gruppenarbeit, Vertretungsstunden oder auch für Hausaufgaben eingesetzt werden.

---

[1] Aufgrund der besseren Lesbarkeit ist in diesem Buch mit Schüler immer auch Schülerin gemeint. Ebenso verhält es sich mit Lehrer und Lehrerin etc.

Schneide die abgebildeten Puzzleteile aus und füge anschließend diejenigen zusammen, deren Kombination sinnvolle Wörter ergeben.

Adel

Titel

Ozon

Probe

Stand

Medaille

Werk

Falle

Stall

Imbiss

Flug

Inland

Kunst

Orchester

Turnier

Orgel

Loch

Olympia

Musik

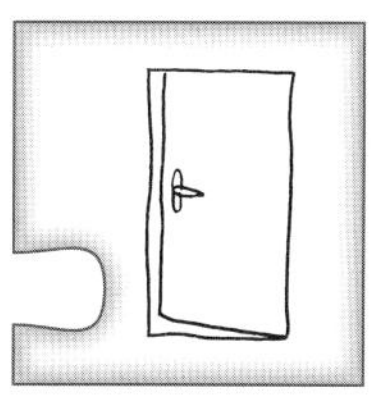

Wortkombinationen II

Notiere die beiden Wörter, die zusammengesetzt ein neues Wort ergeben. Setze jeweils die korrekten Artikel. In manchen Fällen musst du noch einen Buchstaben einfügen, um die Wörter sinnvoll verbinden zu können.

____ ________________ + ____ ________________ = ____ ________________________

____ ________________ + ____ ________________ = ____ ________________________

____ ________________ + ____ ________________ = ____ ________________________

____ ________________ + ____ ________________ = ____ ________________________

____ ________________ + ____ ________________ = ____ ________________________

____ ________________ + ____ ________________ = ____ ________________________

____ ________________ + ____ ________________ = ____ ________________________

____ ________________ + ____ ________________ = ____ ________________________

____ ________________ + ____ ________________ = ____ ________________________

____ ________________ + ____ ________________ = ____ ________________________

____ ________________ + ____ ________________ = ____ ________________________

____ ________________ + ____ ________________ = ____ ________________________

____ ________________ + ____ ________________ = ____ ________________________

____ ________________ + ____ ________________ = ____ ________________________

____ ________________ + ____ ________________ = ____ ________________________

____ ________________ + ____ ________________ = ____ ________________________

____ ________________ + ____ ________________ = ____ ________________________

____ ________________ + ____ ________________ = ____ ________________________

____ ________________ + ____ ________________ = ____ ________________________

Wortkombinationen III

Füge die neu entstandenen Wörter an den passenden Stellen in die folgenden Lückensätze ein. In einigen Fällen musst du den Plural bilden.

1. In Museen kann man viele ______________ bewundern.

2. Die Speerwerferin hat bereits eine ______________ gewonnen.

3. Wir haben an der Rückwand unseres Kellers ein ______________ entdeckt.

4. Der Pilot unternahm einen ______________ mit dem Segelflugzeug.

5. In der Kirche lausche ich der ______________.

6. Der Landwirt hatte ungeschickterweise die ______________ offen gelassen.

7. Mein Onkel hat auf dem Jahrmarkt einen ______________ eröffnet.

8. Ich mag die Melodie der ______________ dieses Films.

9. Es ist so leise, dass ich sogar das ______________ ticken hören kann.

10. Er spielt Harfe in einem angesehenen ______________.

11. Der Vagabund ist so arm wie eine ______________.

12. Das ______________ ist ein Umweltphänomen.

13. Um die kleinen Nager loszuwerden, stellte der Bauer ______________ auf.

14. Nachts stehen Fohlen bei ihren Eltern im ______________.

15. Wenn meine Cousine Flöte spielt, darf ich sicher bei der ______________ ______________ dabei sein.

16. Im Wohnzimmer meines Opas steht eine alte ______________, die immer zur vollen Stunde schlägt.

17. Von Berlin nach Dresden geht sicher ein ______________.

18. Diese Fohlen kann man noch nicht als ______________ einsetzen.

19. Schon seit Jahrhunderten trägt diese Familie einen ______________.

Kontrolle: Wenn du die Aufgaben richtig gelöst hast, ergeben die Anfangsbuchstaben deiner eingesetzten Wörter von oben nach unten gelesen zwei Fachbegriffe:

Der Fachbegriff für Wortzusammensetzungen, die nur aus Nomen bestehen, lautet:

______________ (im Plural: ______________)

Wortschatz erweitern – Wortfelder bilden I

Ordne die folgenden Begriffe so, dass sie thematisch zu einem gemeinsamen Wortfeld gehören und trage sie in die Felder ein, die unten und auf dem nächsten Blatt vorgegeben sind.

Die Anzahl der Striche in den Feldern gibt dir jeweils zwei Informationen:
a) die Anzahl der zu dem Wortfeld gehörenden Wörter
b) die Anzahl der Buchstaben des Oberbegriffs

Tipp: Sortiere zuerst die Wortkarten zu Wortfeldern, zähle dann die Begriffe, um entscheiden zu können, in welches Feld du sie eintragen kannst.

Suchmaschine | Tachometer | Gepäckband | Wellness
Online-Spiele | All inklusive | Trekkingtour | Passkontrolle
Ticket | Berechnung | Teiler | Umfang | Ventil
E-Mail | Frachtraum | Facebook | chatten | Wikipedia
Reservierung | Terminal | Kreuzfahrt
Dynamo | Fläche | Körper | Cockpit | Triebwerke
Stewardess | Animateur
Vorzeichen | Rezeption | Quotient | Reflektor
Federgabel | Ergebnis | Addition
Pedal | Formeln | Browser | Check-in | Google

_ _ _ _ _ _ _ _	_ _ _ _ _ _ _ _ _ _

____

____

____

Formuliere für jedes Wortfeld einen passenden Oberbegriff.

Kontrolle: Die Oberbegriffe findest du auch in dem folgenden Suchrätsel. (senkrecht, waagrecht, diagonal und manchmal spiegelverkehrt)

B	R	E	Z	E	L	D	E	R	K
I	E	T	R	O	T	O	B	I	E
N	R	B	E	G	R	I	T	F	F
T	F	L	U	G	H	A	F	E	N
E	L	A	U	T	M	E	T	B	A
R	E	T	T	E	U	G	A	B	C
N	K	W	H	U	R	L	A	U	B
E	A	T	D	A	R	R	H	A	F
T	A	V	O	L	L	K	O	R	N
M	R	E	N	E	H	C	U	K	N

Zusatzaufgabe: Finde in dem Suchfeld noch fünf weitere Wörter, die zu einem eigenen Wortfeld gehören.

Suchwörter: __________,

__________, __________,

__________,

____

Kontrolle: Wenn du diese Wörter auch aus dem Suchfeld streichst, ergeben die übrigbleibenden Buchstaben der Reihe nach gelesen einen Lösungssatz.

Lösungssatz: ______ ______________

____________ „________________".

Viele Wörter, eine Bedeutung – Synonyme I

Synonym-Memory®

1. Schneidet (mindestens zu zweit) die folgenden Kärtchen sorgfältig aus.
2. Dreht die Karten um und mischt sie gut durch. Nun könnt ihr nach den Memory®-Regeln spielen: Deckt eine Karte auf und findet das dazu passende Synonym (ein Wort mit der gleichen Bedeutung, z. B. Postbote = Briefträger). Wenn ihr ein passendes Paar gefunden habt, dürft ihr die Karten an euch nehmen. Wer am Ende die meisten Karten hat, gewinnt.

   Hinweis: Manchmal gehören drei Karten zusammen. Das zeigt euch die Ziffer auf den Karten an. In diesem Fall müsst ihr alle drei passenden Karten finden, um sie an euch nehmen zu dürfen.

Kontrolle: Die Symbole auf den Karten zeigen euch an, ob die Karten wirklich zusammengehören.

○ Gespräch (3)	○ Unterhaltung (3)	○ Konversation (3)	□ Instinkt
□ Gespür	△ Ergebnis	△ Resultat	◇ Erläuterung (3)
◇ Erklärung (3)	◇ Anleitung (3)	× Währung (3)	× Geld (3)
× Devisen (3)	● Preis	● Kosten	■ Denksport

Viele Wörter, eine Bedeutung – Synonyme II

Rätsel	zeitgemäß (3)	modern (3)	in (3)
naiv (3)	gutgläubig (3)	blauäugig (3)	cool (3)
lässig (3)	gelassen (3)	Meinung (3)	Ansicht (3)
Erachten (3)	entspannen (3)	ausruhen (3)	„chillen“ (3)
seriös	ernsthaft	jähzornig	cholerisch

Ein Wort, viele Bedeutungen – Homonyme

Jeweils zwei der untenstehenden Erklärungen haben die gleiche Bezeichnung, z. B. „Aufsatz für eine Schraube“ und „Sie hat dich geboren“ → Mutter.
Finde jeweils die passenden Gegenstücke und die dazugehörige Bezeichnung.

Zurückzulegende Abstände zwischen zwei Orten (1)

Sturz (2)

Material zum Töpfern (6)

Damit spielt man eine Geige (18)

Ein Insekt (13)

Gesichtsbehaarung (11)

Ein Buch aus einer Reihe (5)

Abhörgerat (12)

Eine große Vogelart (1)

Das ist ein … für die Polizei (8)

Nicht schief (30)

Pferderasse (4)

Eine Musikgruppe (3)

In diesem Moment, jetzt (3)

Ein Laut (9)

Ein Blumengesteck (26)

~~Aufsatz für eine Schraube (1)~~

Teil eines Schlüssels (10)

~~Sie hat dich geboren (6)~~

Sich lang machen (18)

Pfeil und … (17)

Ein Volk aus dem Orient (7)

Kontrolle: Addiere die Zahlen in Klammern hinter den zusammengehörigen Erklärungen und notiere dann an entsprechender Stelle den gesuchten Begriff in der Liste darunter. Die Striche hinter den Ziffern geben dir an, aus wie vielen Buchstaben der gesuchte Begriff besteht.

(7) M u t t e r

(8) _ _ _ _

(10) _ _ _ _

(11) A _ _ _ _ _

(15) _ _ _

(19) _ _ _ _ C _ _ _

(21) _ _ _ _

(25) _ _ _ Z _

(27) _ _ _ _ _ ß

(33) _ _ _ _ _ _

(35) _ _ _ _ _

Richtig argumentieren I

Lies dir die folgenden Sätze und Teilsätze durch und entscheide, ob es sich in der rechten Spalte jeweils um Feststellungen/Meinungen handelt oder um Begründungen. Unterstreiche die Begründungen blau, die Feststellungen/ Meinungen grün.

Ich verbringe die Ferien bei meinen Großeltern,	Das Blau passt nämlich zu meinen Augen.
Das T-Shirt steht mir gut.	weil mein Magen schon eine Weile knurrt.
Ich möchte noch etwas essen,	Deshalb würde ich es gerne lesen.
Ich trage das Kopftuch,	Aus diesem Grund komme ich häufig zu spät.
Ich habe nur Gutes über das Buch gehört.	weil sie mich lange nicht mehr gesehen haben.
Jeder freut sich über Höflichkeiten.	denn dafür fehlt mir die Zeit.
Ich möchte kein Haustier,	So kann ich nämlich meine Note verbessern.
Hier ist es viel zu laut.	da es Ausdruck meiner Religion ist.
In den kommenden Wochen werde ich mehr Vokabeln lernen.	Deshalb kann ich mich hier nicht konzentrieren.
Ich trage keine Uhr.	da ich mit der alten nicht mehr gut sehe.
Ich benötige dringend eine neue Brille,	Aus diesem Grund sollte man öfter „Bitte“ und „Danke“ sagen.

Richtig argumentieren II

Untersuche dein Ergebnis.

1. Begründungen enthalten Wörter, die dir anzeigen, dass gerade etwas begründet wird. In deinen blau unterstrichenen Äußerungen sind das folgende Wörter:

„__ __ m __ __ __ __“, „__ __ __ n“, „__ __ __ l“ und „__ __“

2. Meinungen/Feststellungen enthalten manchmal auch spezielle Wörter oder Wortgruppen. In deinen grün unterstrichenen Äußerungen sind das folgende Wendungen:

„__ __ __ __ __ __ __“ und „__ __ __ __ __ __ __ __ __ __ __ __ __ __ __ __ __“

Verbinde jeweils zwei Sätze oder Teilsätze miteinander, einen aus der linken Spalte und einen aus der rechten, sodass jeweils eine Feststellung/Meinung durch eine passende Begründung gestützt wird.

Hinweis: Setze dein Lineal dafür immer an den unteren Ecken der entsprechenden Kasten an, wie im Beispiel gezeigt.

Kontrolle: Du hast die passenden Sätze und Teilsätze verknüpft, wenn sich deine eingefügten Linien in den eingezeichneten Punkten kreuzen. Andere Linienkreuzungen darf es nicht geben.

Übertrage die Sätze vollständig in dein Deutschheft.

Formuliere zu den folgenden Meinungen selbstständig Begründungen. Verwende dazu die Begriffe aus der Aufgabe oben.

Ich treffe mich gerne mit Freunden.
Sportliche Betätigung ist wichtig.
Ich möchte einen möglichst guten Schulabschluss erreichen.
Beim Sonnenbaden sollte man sich gut eincremen.

Anschaulich erzählen – treffende Verben I

Die folgenden Sätze wirken langweilig und eintönig, weil der Schreiber keine abwechslungsreichen oder treffenden Verben verwendet hat.

Ersetze in jedem Satz das Verb durch drei anschaulichere Verben, die du in dem untenstehenden Wortspeicher findest, und streiche diese dort weg. Schreibe die Sätze mit den neuen Verben in dein Deutschheft.
Hinweis: Nicht alle Verben des Wortspeichers werden für diese Aufgabe benötigt.

1. Er stand hinter dem Vorhang.

____

____

____

2. Sie sang ein Weihnachtslied.

____

____

____

3. Sie betrachtete ihre Nachbarin.

____

____

____

4. „Geh da runter!“, bat sie.

____

____

____

5. Er machte Hausaufgaben.

____

____

____

6. Er lief über die Straße.

____

____

____

7. Sie brachte ihn in sein Zimmer.

____

____

____

lauern – trällern – schreien – beobachten – essen – liebkosen – mustern – erledigen – kriechen – favorisieren – bugsieren – kauern – klingen – anstarren – backen – fiepen – schaudern – anfertigen – spurten – sich kümmern um – schmettern – verfrachten – sich verstecken – gutschreiben – hechten – brüllen – therapieren – geleiten – entledigen – raten

Anschaulich erzählen – treffende Verben II

Finde zu den Verben aus den Sätzen 1, 2 und 6 der vorherigen Aufgabe weitere aussagekräftigere Verben und notiere sie hier. Vergleiche diese anschließend mit einem Partner und ergänze noch fehlende (aber passende) Begriffe, die dein Partner nennt.

1. ______________________________

2. ______________________________

6. ______________________________

Kontrolle: Wenn du die Verben richtig zugeordnet hast, bleiben neun Wörter im Wortspeicher übrig. Ordne diese alphabetisch untereinander. Falls du Hilfe bei der korrekten Auswahl und Sortierung benötigst, orientiere dich an den Verben in der rechten Spalte. Dort findest du jeweils Verben, die dasselbe aussagen.

	zubereiten
	loswerden
	verzehren
– C –	
– H –	
	bevorzugen
	vergüten
	ertönen
	küssen
	ängstigen
	behandeln

Kreise jeweils den zweiten Buchstaben deiner eingetragenen Verben ein und lies das daraus entstehende Wort von oben nach unten.

Lösungswort: _ _ _ C H _ _ _ _ _ _

Anschaulich erzählen – genauere Adjektive und Ergänzungen I

Begebenheiten lassen sich häufig ausschmücken und ausführlicher beschreiben, wenn man darauf achtet, dass die Sätze einige W-Fragen beantworten.

Beispiel: *Der Junge fährt ohne Fahrschein.*

Welcher? Der blonde Junge mit dem grünen T-Shirt fährt ohne Fahrschein.

Wie? Der blonde Junge mit dem grünen T-Shirt fährt bewusst ohne Fahrschein.

Warum? Der blonde Junge mit dem grünen T-Shirt fährt bewusst ohne Fahrschein, weil auf dieser Strecke nie jemand kontrolliert.

Wohin? Der blonde Junge mit dem grünen T-Shirt fährt bewusst ohne Fahrschein zur Schule, weil auf dieser Strecke nie jemand kontrolliert.

Wann? Der blonde Junge mit dem grünen T-Shirt fährt morgens bewusst ohne Fahrschein zur Schule, weil auf dieser Strecke nie jemand kontrolliert.

Finde heraus, welche Fragen in dem jeweils zweiten Satz beantwortet wurden, indem du die Sätze vergleichst. Umkreise die passenden Fragewörter, formuliere die jeweilige Frage aus und beantworte sie in deinem Deutschheft.

1. *Es spielte zuerst die Vorband.*

Es spielte zuerst die unerfahrene Vorband, bevor der Star des Abends mit ohrenbetäubendem Beifall begrüßt wurde.

Wohin – Welche – Warum – Wie – Wann – Wo

2. *Sie besorgte sich das Buch.*

Das vergriffene Buch besorgte sie sich noch am gleichen Abend bei einem Internetbuchhandel.

Wozu – Wie – Wo – Welches – Wann – Warum

3. *Sie bog ab.*

Am Ende der Straße bog sie zügig ab, um die Verfolger abzuschütteln.

Wovon – Wie – Wo – Welche – Wann – Warum

4. *Er sah aus wie ein Cowboy.*

Mit dem übergroßen Hut sah er unfreiwillig aus wie ein Cowboy, der eine Zeitreise hinter sich hatte.

Womit – Wie – Wo – Welcher – Wann – Warum

Anschaulich erzählen – genauere Adjektive und Ergänzungen II

Schreibe aus den Sätzen aus der ersten Aufgabe die sechs Adjektive heraus. Als Hilfestellung und zur Kontrolle findest du hinter den folgenden Zeilen die Adjektive als Schüttelwörter.

______________________ ferhneunare

______________________ hebtobmenäudenner

______________________ fegrrinfeve

______________________ güzig

______________________ egobrernüß

______________________ guwelrinilif

Den folgenden Sätzen fehlen Adjektive oder genauere Bezeichnungen, mit deren Hilfe das Beschriebene eindeutiger wird. Ordne jedem der Sätze drei Angaben aus dem Kreis zu. Überlege genau, welche Wendungen am besten passen. Arbeite gegebenenfalls mit einem Wörterbuch.

1. Die Dame fragte nach dem Weg.

____

____

grün
freundlich
zum Supermarkt
auf dem Dach
hilfsbedürftige

2. Der Pudel folgte seinem Herrchen.

____

____

brüllende
introvertiert
über den Zebrastreifen
weiße
gehorsam

3. Der Ohrenarzt fand die Ursache für das Piepsen.

____

____

moderne
in der Nase
sofort
nächste Woche
störende
erfahrene

Anschaulich erzählen – genauere Adjektive und Ergänzungen III

4. Das Rotkäppchen erkundigte sich nach dem Zustand.

____

____

der Großmutter
betrunkene
des Jägers
belustigt
naive
besorgt

5. Die Prinzessin entschied sich.

____

____

nach langer Überlegung
unerwartet
verzerrte
wedelnd
unter Deck
begehrte

Kontrolle: Überprüfe deine Ergebnisse aus der ersten Aufgabe: Stelle dir vor, die Kreise neben den Aufgaben seien Uhren. Trage vom Mittelpunkt des Kreises ausgehend Stunden-, Minuten- und Sekundenzeiger für die folgenden Uhrzeiten ein. Die Zeiger weisen auf die richtigen Lösungen hin.

1. 10 Uhr 40 und 20 Sekunden

2. 8 Uhr 20 und 10 Sekunden

3. 14 Uhr 50 und 30 Sekunden

4. 12 Uhr 50 und 40 Sekunden

Kontrolle: Überprüfe deine Ergebnisse aus der dritten Aufgabe ebenso mithilfe der folgenden Uhrzeiten.

1. 6 Uhr 50 und 45 Sekunden

2. 8 Uhr 20 und 45 Sekunden

3. 16 Uhr 10 und 40 Sekunden

4. 15 Uhr 30 und 0 Sekunden

5. 17 Uhr 10 und 0 Sekunden

Mündliches und schriftliches Erzählen I

Die folgenden Sätze ergeben zwei Texte mit gleichem Inhalt. Allerdings sind sie durcheinandergeraten und müssen sortiert werden.
Lies dir die Sätze durch und entscheide, welcher der inhaltsgleichen Sätze jeweils aus einer schriftlichen und welcher aus einer mündlichen Erzählung stammt. Ignoriere dabei die Buchstaben, die vor den Sätzen stehen.
Schreibe die Texte getrennt voneinander in der korrekten Sortierung in dein Deutschheft.

Beispiel: *Schriftliches Erzählen:* Sie saßen vornübergebeugt über der Schatzkarte.

Mündliches Erzählen: Sie haben sich über die Schatzkarte gebeugt.

Tipp: Entscheide zunächst, was mündlich und was schriftlich erzählt wurde und markiere die jeweiligen Sätze. Kümmere dich erst danach um eine mögliche Reihenfolge.

(L) Neugierig setzte ich mich auf, konnte aber von meinem Platz aus nur aufgeregten Tumult erkennen.
(L) Ich habe dann vorbeigucken wollen an den ganzen Beinen, Armen und Füßen.

(E) Wir haben am Strand gelegen und in der Sonne gebrutzelt.
(E) Wir lagen entspannt am Strand und genossen die Sonne.

(Z) Alle Leute schauten aufgeregt zum Wasser hinüber.
(Z) Die Leute haben dann alle aufgeregt da hingeschaut.

(U) Darum habe ich mich einfach durchgedrängelt, um aufs Meer gucken zu können.
(U) Mühsam schob ich mich durch die Menschenmasse.

(G) Unfassbar!
(G) Heftig, das kannst du mir glauben.

(Ä) Die Ersten sprangen auf und rannten los.
(Ä) Da ist dann überall richtig viel Durcheinander gewesen.

(N) Da hab ich dann gesehen, wieso die so geschrien haben.
(N) Und dann konnte ich es auch sehen.

(R) Plötzlich hörten wir die ersten Schreie aus dem Wasser.
(R) Und da hat dann das laute Geschrei angefangen.

(H) Also beschloss ich nachzusehen, was los war.
(H) Und da hab ich dann gedacht, ich muss mal gucken, wo die alle hinrennen.

Mündliches und schriftliches Erzählen II

Ordne den Fragen zum schriftlichen und mündlichen Erzählen die richtigen Antworten zu.

Welche Zeitform verwendet man überwiegend für …

… das schriftliche Erzählen? ______________________________

… das mündliche Erzählen? ______________________________

Antwortmöglichkeiten: a) Präteritum

b) das Perfekt

Welche Sprachform darf verwendet werden …

… beim schriftlichen Erzählen? ______________________________

… beim mündlichen Erzählen? ______________________________

Antwortmöglichkeiten: a) auch Umgangssprache

b) nur die Hochsprache

Kontrolle: Überprüfe, ob du die Sätze der ersten Aufgabe in die richtige Reihenfolge gebracht hast. Lies dazu die Buchstaben vor den Sätzen der Reihe nach. Es ergibt sich das Wort „Erzählung“.

Kontrolle: Überprüfe, ob du die Sätze der ersten Aufgabe und die Antworten der zweiten Aufgabe richtig zugeordnet hast.
Alle Lösungen zum schriftlichen Erzählen haben eine ungerade Anzahl an Wörtern.
Die Lösungen zum mündlichen Erzählen haben eine gerade Anzahl an Wörtern.

Zusatzaufgabe: Schreibe die Geschichte weiter.
Wähle dazu das schriftliche oder das mündliche Erzählen.
Achte dabei auf die empfohlene Zeit- und Sprachform.

Örtlichkeiten genau beschreiben I

PARTNER A

Betrachte das folgende Bild. Überlege für dich, wie du es deinem Partner genau beschreiben willst. Folgende Ausdrücke können dir helfen, der Reihe nach und exakt zu beschreiben.

Am linken/rechten Rand sieht man …

In der Mitte ist ein …

Im Vordergrund … Im Hintergrund …

… ist größer als … … ist kleiner als …

daneben, darüber, darunter, dahinter, davor

Schildere die Situation auf dem Bild deinem Partner so genau, dass er nur aufgrund deiner Beschreibung das Bild zeichnen kann, während du sprichst. Achte dabei lediglich auf deine Vorlage und dein Partner sieht nur auf seine Zeichnung. Rückfragen deines Partners sind dabei erlaubt. Erst am Ende vergleicht ihr die Zeichnung mit der Vorlage und stellt fest, wie genau beschrieben wurde.

PARTNER B

Betrachte das folgende Bild. Überlege für dich, wie du es deinem Partner genau beschreiben willst. Folgende Ausdrücke können dir helfen, der Reihe nach und exakt zu beschreiben.

Am linken/rechten Rand sieht man …

In der Mitte ist ein …

Im Vordergrund … Im Hintergrund …

… ist größer als … … ist kleiner als …

daneben, darüber, darunter, dahinter, davor

Schildere die Situation auf dem Bild deinem Partner so genau, dass er nur aufgrund deiner Beschreibung das Bild zeichnen kann, während du sprichst. Achte dabei lediglich auf deine Vorlage und dein Partner sieht nur auf seine Zeichnung. Rückfragen deines Partners sind dabei erlaubt. Erst am Ende vergleicht ihr die Zeichnung mit der Vorlage und stellt fest, wie genau beschrieben wurde.

Örtlichkeiten genau beschreiben III

PARTNER A

Beschreibe nun deinem Partner das folgende Bild. Geht dabei vor wie beim ersten Bild. Versuche, noch genauer zu beschreiben, falls du vorher Ungenauigkeiten in deinem Vorgehen festgestellt hast.
Hinweis: Diesmal sind keine Rückfragen deines Partners erlaubt.

PARTNER B

Beschreibe nun deinem Partner das folgende Bild. Geht dabei vor wie beim ersten Bild. Versuche, noch genauer zu beschreiben, falls du vorher Ungenauigkeiten in deinem Vorgehen festgestellt hast.
Hinweis: Diesmal sind keine Rückfragen deines Partners erlaubt.

Lies den folgenden Anfang einer Geschichte.

Der geheimnisvolle Schuppen

Das Licht flackerte, als Leon den Schalter neben der Tür betätigte. „Was ist denn?“, fragte Marcel ungeduldig, „Ist das alles?“

„Ich habe keine Ahnung. Hier scheint schon lange niemand mehr das Licht eingeschaltet zu haben“, erwiderte Leon zögerlich.

„Und gelüftet wurde hier auch schon lange nicht mehr“, fügte Marcel naserümpfend hinzu.

„Und … äh … du willst trotzdem reingehen?“, wollte Leon unsicher wissen.

Zwei Tage zuvor hatten die beiden Brüder den alten Schuppen auf dem Grundstück ihrer Oma entdeckt. Im entlegensten Winkel des zugewucherten Gartens hinter wilden Brombeerbüschen. Und wäre ihr Ball nicht zufällig beim Spielen in den Büschen verschwunden, wäre ihnen der Schuppen auch diesmal nicht aufgefallen.

Marcel zog ungeduldig die Luft durch die Nase ein. „Hör mal, seit Jahren verbringen wir die Herbstferien hier und noch nie haben wir diesen Schuppen gesehen. Jetzt wissen wir, dass er hier ist, haben zwei Tage lang hin und her überlegt, und du zögerst immer noch?“

„Aber … das Licht flackert“, startete Leon einen letzten verzweifelten Versuch. Doch auch der zählte nicht mehr, als Marcel statt einer Antwort grinsend eine Taschenlampe aus seiner Gesäßtasche zog.

Eine Geschichte wird weitererzählt II

Beim Weiterschreiben der Geschichte sind dem Autor leider einige Fehler passiert. Schneide die folgenden Abschnitte sorgfältig aus und sortiere diejenigen aus, die sprachlich oder inhaltlich nicht zur Geschichte passen. Lege die aussortierten Textteile der Reihe nach untereinander und klebe sie mit Klebebandstreifen am rechten und linken Rand zusammen.

„Was willst du denn mit dem Feuerzeug?“, fragte Leon erschrocken.
Marcel zündete die mitgebrachte Kerze an und hielt sie hoch.

Ein chaotischer Anblick bot sich ihnen in dem Schuppen: Ein umgekippter Tisch blockierte den Weg, so als hätte sich jemand vor Einbrechern schützen wollen, dahinter zwei umgefallene Holzstühle, von denen einer nur noch ein Bein hatte.

Das fehlende Bein lag in der hintersten Ecke des Raumes. Dort, wo sich auch der Eingang zum Schuppen befand.

Angst schlich in mir hoch. Was, wenn wir nicht die einzigen waren, die diesen Schuppen betreten hatten?

„Lass uns doch einfach unseren Ball rausholen und verschwinden“, fügte er hinzu. Marcel schaute ihn ungläubig an: „Willst du jetzt einfach weiterspielen als wäre nichts gewesen und den Schuppen in Zukunft einfach ignorieren?“

Mutig wagte Leon den ersten Schritt auf dem staubigen Boden. Die Tiefe seiner Fußspuren bewies deutlich, wie lange hier keiner mehr gewesen war. Staub wirbelte auf und kitzelte ihn in der Nase.

„Warte!“, ruft Marcel plötzlich. Mit weit aufgerissenen Augen zeigt er ein Stück weiter vorne auf den Fußboden. Und jetzt sieht es auch Leon. Ganz deutlich: Fußspuren, und ganz sicher nicht seine eigenen.

Alte Regale säumten die Wände, vollgestellt mit Gerümpel, alten, verrosteten Werkzeugen, modernden Holzkisten und Kleidungsstücken. „Kein Wunder, dass es hier so riecht“, sagte Leon stammelnd.

Kontrolle: Wenn du die Abschnitte korrekt aussortiert und zusammengeklebt hast, ist auf der Rückseite der Textstreifen ein zusammengesetztes Bild zu sehen.

Zusatzaufgabe: Setze an der letzten korrekten Textpassage an und führe die Geschichte in deinem Deutschheft fort.

Auslautverhärtung – Wörter verlängern

Den unten aufgeführten Wörtern fehlt jeweils der Endbuchstabe. Beginne im Startfeld, verlängere das Wort, um den Endbuchstaben herauszufinden, und folge dann dem entsprechenden Pfeil zum nächsten Feld. Gehe in jedem Feld so vor, bis du das Ziel erreichst. Male jedes durchlaufene Feld farbig aus.

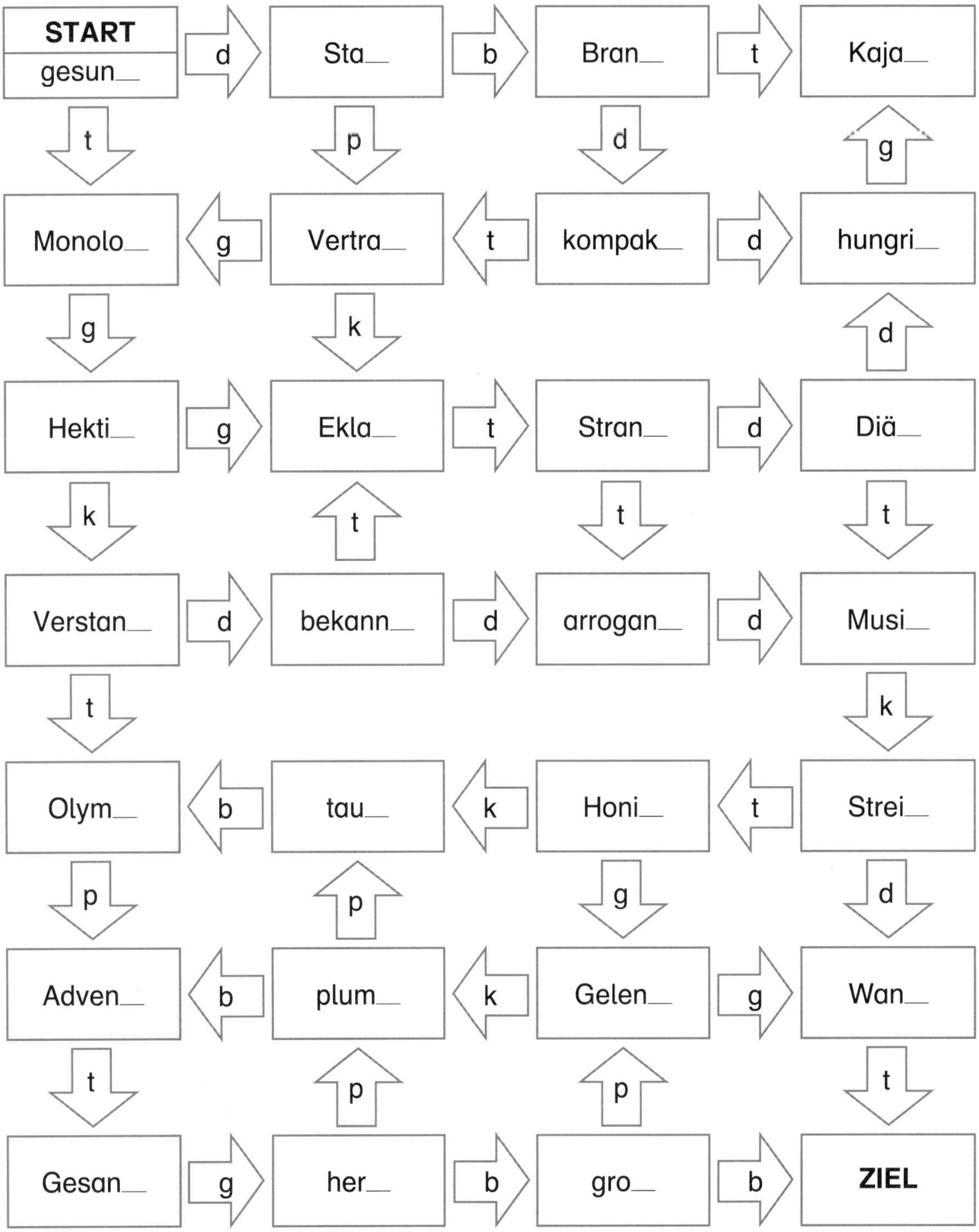

Kontrolle: Wenn du dem Weg korrekt gefolgt bist, musst du 24 Felder ausgemalt haben.

Zeichensetzung bei wörtlicher Rede I

In dem folgenden Text fehlen einige Zeichen der wörtlichen Rede oder sie wurden falsch gesetzt. Füge sie mit einem Farbstift deutlich erkennbar ein oder streiche falsche durch.

Bastian hat sich ausgesperrt

Frau Sigloch, ihr 8-jähriger Sohn ist am Telefon“, rief die Kollegin von nebenan, er sagt, es sei dringend!“

Schnell nahm sie den hingehaltenen Hörer entgegen. „Ja, hallo?“, meldete sie sich besorgt, „Bastian, bist du es?“

„Mama, es ist eigentlich gar nichts Schlimmes,“ beschwichtigte Bastian „ich habe mich nur ausgesperrt. Die Tür ist zu und der Haustürschlüssel liegt drinnen.“

„Na, wenn sonst nichts ist. Dein Vater kommt sowieso gleich nach Hause.“ Geh doch solange nach nebenan zu Herrn Beise, ja?“ erwiderte die Mutter erleichtert.

Prompt folgte seine Antwort: „Ist gut, bis dann.“

„Halt, warte mal!“, rief seine Mutter schnell, „Wie hast du dich eigentlich ausgesperrt?“

„Naja, wegen der Heuschrecken!“, gab Bastian zu.

„Wegen der Heuschrecken? Welche Heuschrecken?, hakte sie verwirrt nach.

„Na, die, die ich gekauft habe“, erklärte Bastian, „Die waren in so Plastikschalen, und als ich reingegangen bin und die Schalen abstellen wollte, sind sie mir aus der Hand gerutscht und aufgegangen. Also habe ich schnell die Tür zugezogen, damit die Heuschrecken nicht nach draußen springen.“

Verständnislos stammelte die Mutter: „Du hast Heuschrecken gekauft? Wieso kaufst du Heuschrecken?“

„Jimmy hatte Hunger!“, antwortete er wie selbstverständlich.

„Jimmy? Wer ist denn Jimmy?“

„Den kennst du nicht, den hat mir heute Morgen ein Klassenkamerad geschenkt“, meinte Bastian stolz.

Ungeduldig rief die Mutter durch den Hörer „Wer ist Jimmy? Und wieso frisst er Heuschrecken?

„Jimmy ist unser neues Haustier. Womit würdest du denn einen Leguan füttern?“, erkundigte sich Bastian interessiert.

„Wir haben einen Leguan?, schrie die Mutter entsetzt.“

„Ja, schön, nicht?“, sagte Bastian voller Stolz, „Er hat sich auch schon prima eingelebt.“

„Nein!“, schnappte die Mutter nach Luft, „Wir haben *keinen* Leguan und er lebt sich auch nicht bei uns ein! Wir haben ja nicht mal ein Terrarium.“

„Das weiß ich doch, Mama“, beruhigte Bastian sie, „Jimmy lebt im Wohnzimmer auf dem Teppich.“

Die Mutter startete noch einen Versuch: „Bastian, Leguane leben nicht auf Teppichen, und schon gar nicht auf unserem Wohnzimmerteppich.“

„Naja, nicht direkt auf dem Teppich,“, fügte Bastian geduldig hinzu „Ich habe schon 15 Eimer Sand reingebracht. Von der Baustelle gegenüber.“

Zeichensetzung bei wörtlicher Rede II

Kontrolle: Zähle deine farbigen Streichungen und Eintragungen. Insgesamt musst du 14 Korrekturen vorgenommen haben. Überprüfe deine Lösung außerdem mit den folgenden Kontrollstreifen. Schneide sie dazu aus, halte sie neben den Text und suche die passenden Sätze. Jeder Unterstrich steht für ein Wort. Alle anderen Sätze, für die es keinen Teststreifen gibt, enthalten die korrekte Zeichensetzung.

„___ ___ ___? ___ ___?“, ___ ___ ___ ___.

„___, ___ ___ ___ ___. ___ ___ ___ ___ ___ ___ ___.
___ ___ ___ ___ ___ ___ ___ ___, ___?“, ___ ___
___ ___.

„___ ___, ___ ___ ___ ___ ___ ___“, ___ ___ ___ ___ ___,
„___ ___, ___ ___ ___!“

___ ___ ___ ___ ___ ___ ___: „___ ___ ___? ___ ___
___ ___ ___?“

„___, ___ ___ ___ ___ ___ ___“, ___ ___, „___ ___
___ ___ ___. ___ ___ ___ ___ ___ ___ ___ ___ ___.“

„___ ___ ___ ___?“, ___ ___ ___ ___.

„___, ___ ___ ___ ___ ___ ___“, ___ ___ ___ ___, „___ ___
___ ___ ___ ___ ___. ___ ___ ___ ___ ___.“

Alle folgenden Zeichnungen stellen Dinge dar, die lange Vokale enthalten. Entschlüssle die Begriffe und überlege, wie sie geschrieben werden. Trage sie dann in die passende Spalte der Tabelle ein.

Kontrolle: Die Anzahl der Zellen pro Spalte zeigt dir an, wie viele Wörter jeweils zu ergänzen sind.

Einfacher (lang gesprochener) Vokal	ie	h	Doppelvokal

Lange Vokale II

Entscheide dich bei den folgenden Wörtern für die korrekte Schreibweise.
Kreise die Farbe hinter den richtigen Lösungen ein.

Garant__	i ie ih	grün rot gelb
S__le	e eh ee	dunkelgrün hellblau rosa
Verl__s	i ie eh	grau violett blau
ber__mt	ü üh	gelb braun
Bl__se	u uh	orange grün
Kan__l	a aa ah	lila türkis grün
bel__nt	o oo oh	gelb hellgrün rot
Vent__l	i ie ieh	dunkelrot blau dunkelblau
Verl__bung	o oh oo	orange grün grau
K__r- b__sen	e + eh e + e eh + e eh + eh	dunkelblau gelb rosa hellblau

Verk__rs- zeichen	e ee eh	hellgrün grün pink
ungestr__ft	a ah aa	braun hellgrün dunkelgrün
bew__ren	a aa ah	blau grau rot
Bik__ni	i ie ih	dunkelrot dunkelgrün dunkelblau
Verz__nung	a ah aa	gelb rot hellblau
S__nsucht	e ee eh	gelb grün violett
Bel__g	aa a ah	blau rosa grün
Wartez__ne	o oo oh	dunkelrot grau gelb
gep__rt	a aa ah	türkis hellrot gelb
St__bh__ch- sprung	a + o ah + oh aa + o a + oo	orange blau grün gelb

Kontrolle: Alle von dir eingekreisten Farben müssen aus der Grundfarbe Rot mischbar sein.

Entscheide, ob die Wörter mit einfachen oder mit Doppelkonsonanten geschrieben werden. Trage die Wörter erst in die jeweilige Tabellenspalte auf der Folgeseite ein und male dann das entsprechende Feld im Bild in der angegebenen Farbe aus.

verwe__den	n = blau	nn = grün	sto__ern	t = rot	tt = grau
Pu__ing	d = gelb	dd = braun	Kapi__el	t = rot	tt = blau
Besa__zung	t = grün	tt = blau	Wa__el	f = grün	ff = rot
Sä__igung	t = lila	tt = grün	Begi__	n = grün	nn = blau
Me__becher	s = braun	ss = orange	begi__g	n = braun	nn = rot
Gewi__en	s = rot	ss = grün	Ma__schaft	n = blau	nn = orange
verlä__lich	s = gelb	ss = grau	gescha__t	f = braun	ff = grün
beka__	m = orange	mm = blau	A__itur	b = grün	bb = lila
beka__t	n = grün	nn = gelb	Fo__ograf	t = grün	tt = gelb
Ka__ee	f = grau	ff = grün	pla__zieren	t = rot	tt = grau
Ba__ge	n = orange	nn = grün	sy__etrisch	m = rot	mm = grau
Tuge__d	n = grün	nn = rot	gekrü__t	m = gelb	mm = rot
Le__de	n = braun	nn = gelb	Su__pf	m = gelb	mm = grün
Ka__alysator	t = grau	tt = rot	Kü__digung	n = grau	nn = orange
geri__en	t = rot	tt = braun	Ka__itän	p = grau	pp = rot
We__könig	t = lila	tt = braun	Eta__e	p = grün	pp = gelb
Geri__e	p = grün	pp = gelb	Ka__ender	l = gelb	ll = grau
Ka__one	n = grau	nn = rot	Ma__hematik	t = gelb	tt = grün
Kara__e	f = blau	ff = gelb	Gira__e	f = rot	ff = grün
e__egant	l = grau	ll = grün	schwa__ken	n = orange	nn = grau

Doppelkonsonanten II

Wörter mit einfachen Konsonanten	Wörter mit Doppelkonsonanten

Zusatzaufgabe: Notiere in der rechten Spalte acht weitere Wörter mit verschiedenen Doppelkonsonanten und diktiere sie deinem Partner.

Rechtschreibfehler identifizieren I

Die folgenden Wörter sind falsch geschrieben. Notiere die richtige Schreibweise neben dem Wort und vermerke am Ende, welche Buchstaben du ergänzt, weggestrichen oder verbessert hast.

Sekrätärin ______________________ ____

Luftbumpe ______________________ ____

Kamminkehrer ______________________ ____

Lieferwaagen ______________________ ____

Kelertreppe ______________________ ____

Vorrauszahlung ______________________ ____

Seegelflugzeug ______________________ ____

Gartinenstoff ______________________ ____

Kanninchen ______________________ ____

Kaktuusfeige ______________________ ____

Vervandtschaft ______________________ ____

Vanileduft ______________________ ____

Sigesfeier ______________________ ____

Heiratsantrak ______________________ ____

Mehrschweinchen ______________________ ____

Olympyade ______________________ ____

Paradiesabfel ______________________ ____

Trinkgenus ______________________ ____

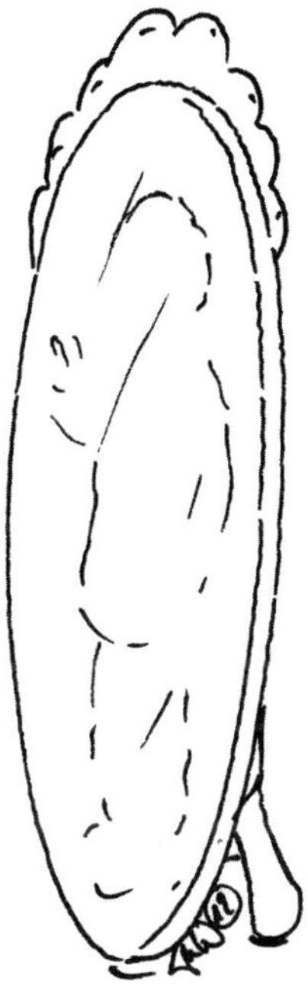

Kontrolle: Wenn du die von dir korrigierten Buchstaben von unten nach oben liest, ergeben sich als Lösungswörter zwei märchentypische Gegenstände.

Lösungswörter: _ _ _ _ _ _ _

_ _ _ _ _ _ _ _ _ _ _

Rechtschreibfehler identifizieren II

Lies den folgenden Text und finde die 14 Rechtschreibfehler, korrigiere die entsprechenden Wörter, indem du die falschgeschriebenen durchstreichst und richtig darüberschreibst.

1. In der Karibik werden unzälige Früchte und Gewürze angebaut. Natürlich gibt
2. es diese auch bei uns zu kauffen, dafür muss man also nicht so weit fahren,
3. aber bis sie in unseren Supermakt gelangen, legen sie über den Atlantik einen
4. weiden Weg zurük. Die Muskatnuss, die wir zum Beispiel zum Würzen von
5. Kartoffellpüree und Suppen benuzen, stammt hauptsächlich von der warmen
6. Insell Grenada. Dort wird sie meiβt von den Arbeitern auf den Plantagen mit
7. den Händen gerntet und sortiert, befor sie in andere Länder verschifft oder
8. gepflogen wird. So komen auch andere Männchen in ihren Genuss.

Kontrolle: Notiere jeweils die Zeilennummer als Zehnerzahl und die Position des falsch geschriebenen Wortes als Einerzahl. So erhältst du 14 zusammengesetzte Zahlen.

Beispiele: In der 1. Zeile ist das 3. Wort falsch geschrieben → 13
oder in der 9. Zeile das 7. Wort → 97

Male in der Grafik die Felder mit den 14 dadurch entstandenen Nummern aus.

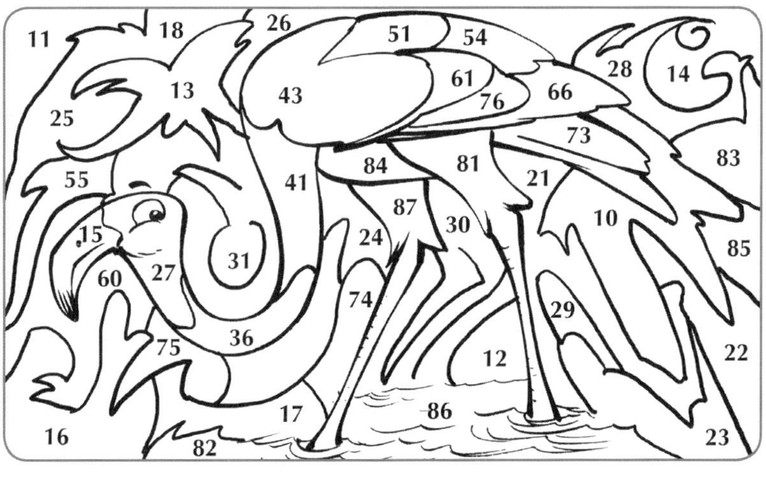

Im Wörterbuch nachschlagen I

Sortiere die folgenden Begriffe alphabetisch. Übertrage dabei auch die Zahlen hinter den Wörtern. Lasse die Zeilen mit den Rechenzeichen vorerst aus.

1. Waldbrand (1), Kaugummi (3), Lampenschirm (2), Schachtel (4), Unterhemd (6), Maracuja (12)

________________ ( ) ________________ ( ) ________________ ( )

________________ ( ) ________________ ( ) ________________ ( )

( ) − ( ) = _____ _____ · ( ) = _____ _____ : ( ) = _____

_____ + ( ) = _____ _____ + ( ) = 10

2. Schuhkarton (20), Schatzinsel (11), Schnittmuster (2), Schallplatte (711), Schönheit (50), Schweinestall (5), Schreibmaschine (3), Schultergelenk (4).

________________ ( ) ________________ ( ) ________________ ( )

________________ ( ) ________________ ( ) ________________ ( )

________________ ( ) ________________ ( )

( ) − ( ) = _____ _____ : ( ) = _____ _____ − ( ) = _____

_____ : ( ) = _____ _____ − ( ) = _____ _____ : ( ) = _____ _____ + ( ) = 25

Im Wörterbuch nachschlagen II

3. Wandergruppe (24), Turnbeutel (60), Piratenschiff (55), Wanderurlaub (17), Pirat (50), Tragetasche (3), Blumenwiese (2), Blumenvase (800), Piratenflagge (10), Wandern (9)

________ ( ) ________ ( ) ________ ( )

________ ( ) ________ ( ) ________ ( )

________ ( ) ________ ( ) ________ ( )

________ ( )

( ) : ( ) = ____ → ____ + ( ) = ____ → ____ : ( ) = ____ → ____ + ( ) = ____

____ · ( ) = ____ → ____ − ( ) = ____ → ____ : ( ) = ____ → ____ − ( ) = ____

____ · ( ) = 17

Kontrolle: Trage nun die Zahlen aus den Klammern der Reihe nach in den Rechenweg ein. Das Ergebnis einer Rechnung ist immer gleichzeitig der Anfang der nächsten Rechnung.

Tipp: Bei richtiger Sortierung ergeben sich an keiner Stelle Dezimalzahlen.

Zusatzaufgabe: Bei zusammengesetzten Wörtern musst du geschickt zerlegen und die Wörter einzeln nachschlagen. Beispiel:

Benzinkanisterherstellung (18/23) → Benzinkanister (18), Herstellung (23)

Sternwartenangestellter (5/35), Fixstern (7), Steckdosenprüfgerät (19/13), Sondermüllsammelbehälter (9/2)

________ ( ) ________ ( ) ________ ( )

________ ( ) ________ ( ) ________ ( )

________ ( )

( ) : ( ) = ____ → ____ + ( ) = ____ → ____ : ( ) = ____

____ · ( ) = ____ → ____ + ( ) = ____ → ____ · ( ) = 500

Konjunktionen erkennen und verwenden I

Finde den richtigen Weg durch das Labyrinth, indem du nur dort entlangläufst, wo sich Konjunktionen befinden.

Schreibe die Konjunktionen den Weg entlang heraus.

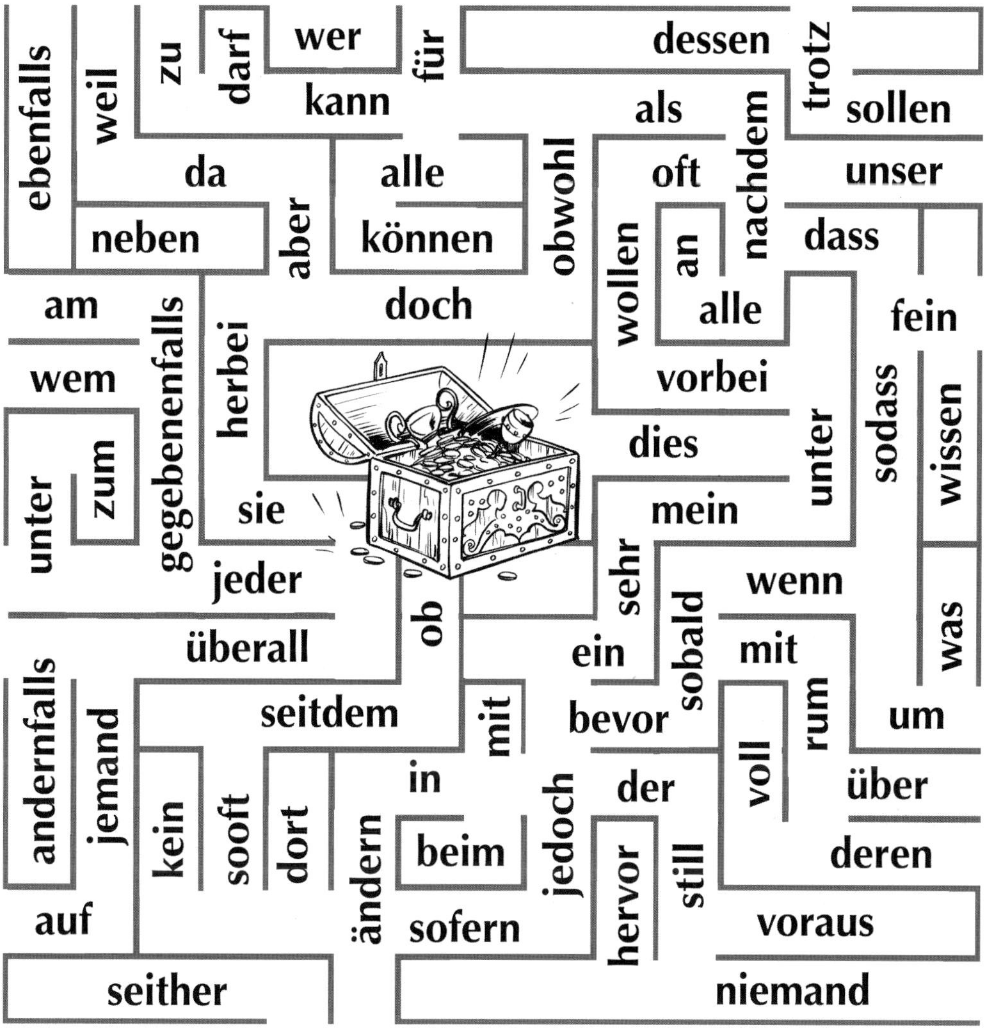

Konjunktionen erkennen und verwenden II

Verknüpfe in deinem Deutschheft die Teilsätze der linken Spalte mit passenden Teilsätzen der rechten, indem du die von dir notierten Konjunktionen verwendest. Jede Konjunktion darf nur einmal benutzt werden. Setze vor den Konjunktionen ein Komma.

Er wollte nicht mehr weiterlaufen.	11	Sie hatte als Erste die Ziellinie durchlaufen.	33
Den Schal hätte sie gern noch gekauft.	20	Lucy war ungezogen.	1
Sie dachte immer noch über ein Treffen mit Finn nach.	14	Valentina kam zur Tür herein.	28
Anja wurde zur Siegerehrung gerufen.	2	Er buk den Kuchen.	27
Frau Becker hatte zusätzliches Übungsmaterial verteilt.	19	Ihm taten die Füße weh.	24
Die Gäste sollten laut „Überraschung“ rufen.	7	Der alte konnte nicht mehr repariert werden.	20
Einkaufen musste er noch.	8	Sie konnten sich besser auf den Test vorbereiten.	16
Es war Zeit für einen neuen Fernseher.	15	Ihr Bruder war schon zu Hause.	26
Ina wusste es nicht.	9	Ihr Vater hatte es ihr verboten.	21
Sie hatten noch nichts voneinander gehört.	34	Ihr Geld reichte nicht aus.	15

Kontrolle: Addiere die Zahlen, die hinter den Teilsätzen stehen. Als Summe erhältst du bei korrekter Lösung immer die gleiche Zahl.

Zusatzaufgabe: Wähle einzelne deiner Sätze aus und setze jeweils den zweiten Teilsatz an die erste Stelle, sodass die Konjunktion am Satzanfang steht.
Tipp: Achte darauf, dass irgendwo innerhalb des Satzes trotzdem ein Komma gesetzt werden muss.

Präpositionen I

In dem folgenden Schlangenwort stecken zehn Präpositionen. Finde sie und schreibe sie darunter. Die Unterstriche und bereits eingetragenen Buchstaben können dir dabei als Hilfe dienen.

angerzumvorschuleaufhoseguzulilasohinterbaramnachsenhesunterächerüberpostyou

__ N   __ __ M   __ __ R   __ __ __   __ __   H __ __ __ __ __

__ M   __ __ __ __   __ __ __ __ __   Ü __ __ __

Trage hinter jedem Satz alle der oben stehenden Präpositionen ein, die sinnvoll in den Satz eingesetzt werden könnten.

A) Benjamin läuft ______ den Hafen.

____

A) Andreas rannte ______ Eiswagen.

____

F) ______ dem Aquarium saß ein kleiner Junge.

____

A) Sie hatte ein gutes Verhältnis ______ ihrer großen Schwester.

____

F) ______ der Regentonne hatte er einen Brief für sie hinterlegt.

____

A) ______ nächsten Morgen hatte Sarah Kopfschmerzen.

____

B) Sie wurde ______ ihrer besten Freundin aufgerufen.

____

C) Sie sprach ______ der gesamten Klasse.

____

Präpositionen II

Kontrolle: Ordne den Buchstaben vor den Sätzen die Zahl entsprechend ihrer Position im Alphabet zu: A = 1, B = 2 usw.
So erhältst du die Anzahl der Präpositionen, die in den Satz eingetragen werden konnten.

Die folgenden Präpositionen sind durcheinandergeraten. Sortiere die Buchstaben und trage das korrekte Wort in das entsprechende Feld ein. Die grau hinterlegten Buchstaben ergeben in der richtigen Reihenfolge ein Lösungswort.
Hinweis: Das „ß“ taucht im Rätsel als „ss“ auf.

SARESU

IEB

GEEGNÜREB

NI

NNEBE

SZNWCEIH

SESTIAB

HUARBSEALS

LETNANG

NIHRENBAL

ESTEJSIN

LÄGSN

BENNNI

DCRUH

TIM

TETIMNIN

ÜRF

Lösungswort: _ _ _ _ _ _ _ _ K

Wortarten unterscheiden I

In den folgenden Wortreihen ist immer ein Begriff unpassend. Überlege, welche Gemeinsamkeiten die meisten Wörter einer Reihe haben und streiche dann das unpassende aus.

1. schauen, anstehen, tragen, Weg, benutzen ______________________
2. lustig, gerührt, hellblau, entlang, entzückend ______________________
3. Ich, den, ihr, wir, du ______________________
4. Gesundheit, Braue, Liege, lachend, Pool ______________________
5. auf, unter, ab, zum, er, an ______________________
6. der, ein, das, ging, eine ______________________

Kontrolle: Wenn es dir gelingt, aus den gestrichenen Wörtern einen sinnvollen Satz zu bilden, hast du die erste Aufgabe richtig gelöst.

Lösungssatz: ______________________

Hinweis: Es gibt verschiedene Möglichkeiten der Satzstellung.

Um welche Wortarten handelt es sich bei den jeweils übrigbleibenden Begriffen? Ordne die folgenden Bezeichnungen zu und notiere sie auf den Schreiblinien in der ersten Aufgabe.

Verben, Substantive, Präpositionen, Adjektive, Artikel, Pronomen

Kontrolle: Bei richtiger Zuordnung ergeben die unterstrichenen Buchstaben von oben nach unten gelesen das Gegenteil von „Erlaubnis“.

Lösungswort: __ __ __ __ __ __

Wortarten unterscheiden II

Ermittle in den folgenden Sätzen die Wortarten. Notiere unter den Sätzen die korrekte Reihenfolge der Wortarten.

1. Der pfeifende Mann springt vom Wagen. (165268)

____

2. Auf dem Umschlag fehlt eine passende Briefmarke. (6363345)

____

3. Streitet ihr mit den Nachbarn? (13217)

____

4. Vom strengen Vater wurde er hart kritisiert. (1152462)

____

5. Über den Wolken ist die Freiheit grenzenlos. (8264176)

____

6. Lächle in die Kamera. (1527)

____

7. Sie schwimmt im ruhigen, wunderschön blauen Meer. (1353458)

____

8. Er drückt auf die Tube. (33867)

____

Kontrolle: Unterstreiche in den Wortartbezeichnungen den Buchstaben, den die hinter dem Satz stehende Zahl angibt. „Adjektiv, Verb, Substantiv (136)“ würde beispielsweise bedeuten: Unterstreiche bei „Adjektiv“ den ersten, bei „Verb“ den dritten und bei „Substantiv“ den sechsten Buchstaben. Nacheinander gelesen ergeben die unterstrichenen Buchstaben jeweils ein sinnvolles Wort.

1. __________ **2.** __________ **3.** __________

4. __________ **5.** __________ **6.** __________

7. __________ **8.** __________

Adjektive richtig steigern I

Bilde die verlangte Form des jeweiligen Adjektivs.

1. Positiv von bezaubernd ______________________
2. Komparativ von mutig ______________________
3. Superlativ von spannend ______________________
4. Superlativ von gelungen ______________________
5. Positiv von dröhnend ______________________
6. Komparativ von ruhig ______________________
7. Komparativ von gemütlich ______________________
8. Positiv von missglückt ______________________
9. Superlativ von witzig ______________________

Kontrolle: Notiere die Buchstaben, die im unteren Gitter an den Stellen stehen, die mit einem Punkt markiert sind. Bringe die Buchstaben dann in eine sinnvolle Reihenfolge.

1.

	○							○
				○				
			○	○			○	
		○			○			○
					○			

____

2.

	○			○				
○		○			○			
				○				
					○			

____

3.

○	○							
						○	○	
			○					○
		○				○		○
○	○		○			○	○	

____

4.

○	○						○	
		○		○		○	○	
				○		○		
		○						
	○		○				○	○

____

5.

	○			○		○		
	○							
○		○					○	○

____

6.

	○		○			○	○	
				○				
○								
					○			

____

7.

	○	○			○			
		○			○		○	
		○						
			○				○	
				○				○

____

8.

		○				○		
		○	○					
○		○						
				○				
○			○				○	

____

9.

○	○			○		○	○	
							○	
		○	○					
		○	○				○	○

____

A	E	Ü	R	T	H	I	G	B
I	Ö	G	L	E	M	N	E	U
K	D	C	A	U	W	L	Z	N
H	M	N	I	S	B	P	R	D
T	N	W	S	L	R	S	M	T

Adjektive richtig steigern II

Zusatzaufgabe: Findest du weitere Adjektive und Steigerungsformen, die du mithilfe des Buchstabengitters bilden kannst? Erstelle auf einem karierten Extrablatt für deine Mitschüler weitere Aufgaben und Lösungen wie in den vorangegangenen Aufgaben.

Ergänze in den folgenden Sätzen die passende Adjektivform und notiere hinter dem Satz, ob du den Positiv, den Komparativ oder den Superlativ verwendet hast. Setze außerdem „als“ oder „wie“ an den notwendigen Stellen ein.

1. Er ist der ______________ Clown der Welt. (albern) ______________
2. Er ist der ______________ Freund überhaupt. (lustig) ______________
3. Ich habe eine ______________ Idee. (wunderbar) ______________
4. Die ______________ Frau parkte perfekt ein. (alt) ______________
5. Sie ist genauso ______________ ihr Bruder. (vorsichtig) ______________
6. Nachher ist es ______________ jetzt. (dunkel) ______________
7. Dieses Kleid ist so ______________ das blaue. (elegant) ______________
8. Der Andrang war ______________ noch nie. (riesig) ______________
9. Er ist ______________ seine Nachbarn. (eifrig) ______________
10. „Findet Nemo“ fand ich ______________ „Titanic“. (traurig) ______________
11. Heute bin ich noch viel ______________ gestern. (müde) ______________
12. Im Unterricht wäre ich gern ______________ letztes Jahr. (aufmerksam) ______________
13. Deine Freunde sind genauso ______________ meine. (willkommen) ______________
14. Er erhält die ______________ Hilfe. (notwendig) ______________
15. Sie hatte es so ______________ ihre Mitschüler. (eilig) ______________
16. Er war der ______________ Papa von allen. (stolz) ______________

Adjektive richtig steigern III

17. Das ______________ Tippeln trieb sie in den Wahnsinn. (nervös) ______________

18. Ihr Opa war früher genauso ______________ sie. (neugierig) ______________

19. Ich finde deinen Hamster ______________ die Ratte meiner Schwester. (niedlich) ______________

Notiere in der Tabelle untereinander die Anfangsbuchstaben der Adjektive, die du im Positiv, mithilfe von „wie“, mit „als“ oder als Superlativ verwendet hast.

Anfangsbuchstabe der Adjektive (Positiv)	Anfangsbuchstabe der Adjektive (Positiv mit „wie“)	Anfangsbuchstabe der Adjektive (Komparativ mit „als“)	Anfangsbuchstabe der Adjektive (Superlativ)

Kontrolle: Übertrage die Buchstaben aus der Tabelle der Reihe nach (jede Spalte senkrecht) auf folgende Schreiblinien.

Lösungssatz: _ _ _ _ _ _ _ _ _ _ _ _ _ _ _ _ „_ _ _“?

Beantworte diese Frage.

____

____

Kontrolle: Entschlüssle die Spiegelschrift und vergleiche mit deiner Antwort.

Wenn man etwas miteinander vergleicht, das unterschiedlich ist, verwendet man „als“.

Satzglieder ermitteln und unterscheiden I

Unterstreiche in den folgenden Nonsenssätzen das Subjekt blau, das Prädikat rot, das Akkusativobjekt grün und das Dativobjekt gelb.

1. Ein Blick auf den Wecker hat dir seine Mails gebracht.

2. Dem Schüler mit den schlechten Noten in Englisch hatte der Gast seine Freude abgenommen.

3. Der Veranstalter gehörte Annalena.

4. Ein Schneidezahn gönnt den Teilnehmern einen Vorsprung.

5. Florian rutschte dem Gewinner seine Aussage.

6. Du glaubst dem Kellner.

7. Sie fehlt dem Herrn mit dem braunen Hut.

8. Die Hose verschaffte dem Boxer kein Trinkgeld.

9. Der Schüleraustausch versuchte die Uhrzeit abzurufen.

10. Ihr verrät jemand eine Urkunde.

11. Dem Zeugen verlieh man etwas.

12. Die Tasche gab dem Flüchtenden den Schlüsselbund.

13. Philipp hatte ihm eine gemeine Intrige besorgt.

14. Dem auffälligen Passanten erlaubte Brigitte Kurzdorf die neue Modekollektion für den Sommer.

15. Gülcan kreierte die Eintrittskarte zum Konzert.

16. Gabriel deckt das Benutzen seiner Spielekonsole auf.

17. Die Aushilfskraft aus dem Vorverkaufsladen spionierte seiner Cousine aus Ankara hinterher.

Satzglieder ermitteln und unterscheiden II

Sortiere die einzelnen Satzglieder neu, um sinnvolle Sätze zu erhalten. Die Zahlen hinter den Satzgliedbezeichnungen geben dir an, aus welchem Satz du die Satzglieder entnehmen musst. Ergänze auch nötige Satzzeichen.

Beispiel: Subjekt 5 – Prädikat 9 – Akkusativobjekt 1 – Prädikat 9
Florian versuchte seine Mails abzurufen.

1. Dativobjekt 12 – Prädikat 8 – Subjekt 7 – Akkusativobjekt 4

____

2. Dativobjekt 13 – Prädikat 5 – Subjekt 8

____

3. Akkusativobjekt 12 – Prädikat 2 – Dativobjekt 10 – Subjekt 10 – Prädikat 2

____

4. Subjekt 1 – Prädikat 10 – Dativobjekt 1 – Akkusativobjekt 9

____

5. Dativobjekt 8 – Prädikat 7 – Subjekt 4

____

6. Subjekt 2 – Prädikat 12 – Dativobjekt 6 – Akkusativobjekt 8

____

7. Dativobjekt 5 – Prädikat 4 – Subjekt 11 – Akkusativobjekt 2

____

8. Subjekt 3 – Prädikat 11 – Dativobjekt 4 – Akkusativobjekt 10

____

9. Subjekt 12 – Prädikat 3 – Dativobjekt 7

____

Satzglieder ermitteln und unterscheiden III

10. Dativobjekt 2 – Prädikat 1 – Subjekt 9 – Akkusativobjekt 11 – Prädikat 1

11. Prädikat 6 – Subjekt 6 – Dativobjekt 11 – Akkusativobjekt 5

12. Subjekt 13 – Prädikat 14 – Dativobjekt 17 – Akkusativobjekt 16

13. Akkusativobjekt 14 – Prädikat 15 – Subjekt 14

14. Subjekt 16 – Prädikat 17 – Dativobjekt 14 – Prädikat 17

15. Akkusativobjekt 15 – Prädikat 13 – Dativobjekt 3 – Subjekt 17 – Prädikat 13

16. Subjekt 15 – Prädikat 16 – Akkusativobjekt 13 – Prädikat 16

17. Akkusativobjekt 15 – Prädikat 4 – Subjekt 16 – Dativobjekt 10

Zusatzaufgabe: Bilde weitere Satzkombinationen. Für eine leichtere – aber witzigere – Variante kannst du neue Nonsenssätze bilden, aus denen später deine Mitschüler die Satzglieder bestimmen können. Für eine schwierigere Variante gelingen dir vielleicht noch zwei bis drei sinnvolle Sätze mit den oben stehenden Satzgliedern.

Zeitformen – Präteritum und Perfekt I

Fülle alle leeren Zellen in der folgenden Tabelle aus. Verwende dafür die Silben im untenstehenden Kasten und streiche bereits verwendete Silben aus.

Infinitiv	Personal-pronomen	Präsens		
untergehen	ich	gehe unter		
dekorieren	du		dekoriertest	
verbringen	er/sie/es			hat verbracht
ankommen	wir			sind angekommen
erwidern	ihr		erwidertet	
ertragen	sie	ertragen		

an – an – ben – bin – brach – bringt – de – de – dert – dert – er – er – er –
er – fekt – for – gan – ge – gen – gen – gen – ging – ha – habt – hast – ka –
ko – ko – kom – men – men – men – Per – Prä – ri – rierst – riert – te –
te – ter – ter – tra – tru – tum – un – un – ver – ver – wi – wi – Zeit

Kontrolle: Bei richtiger Verwendung der Silben bleiben noch drei Silben übrig. Bringe sie in die korrekte Reihenfolge.

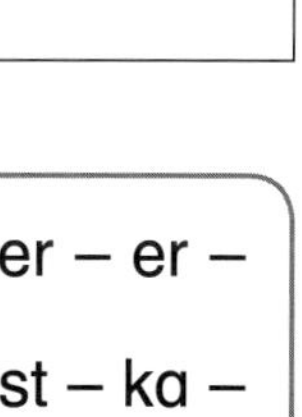

Lösungswort: ___________________

Zeitformen – Präteritum und Perfekt II

In den folgenden Schlangenwörtern stecken verschiedene Formen der Verben „erwarten“, „singen“, „aufpassen“, „zugeben“, „sein“ und „haben“.
Finde sie und unterstreiche sie mit Bleistift.

aufmanaufgepasstverwendetpassstefürsangendiezugabstgeschriebenehat
Vergangenheitistwartmeistdasgewesenhast Präteritumwarfürgehabt
GesprocheneszugegebenhabendassangPerfekterwartest

Setze in die Lücken in den folgenden Sätzen die Wörter ein, die du in den obenstehenden Schlangenwörtern unterstrichen hast. Solltest du an einigen Stellen das passende Wort nicht finden, überprüfe im Schlangenwort, ob du vielleicht noch eine Vorsilbe mitbetrachten oder weglassen musst.
Streiche die Wörter, die du für die Lücken verwendet hast.
Hinweis: Beim Eintragen der Wörter gibt es mehrere richtige Möglichkeiten. Achte auf die Länge der Leerstellen, um die richtige Lösung einzutragen.

Carina und Silke ______________ ein Geburtstagsständchen für ihn.

Jonas __________ bei der Einweisung nicht ______________.

Ihr ______________ doch gestern Eis essen, oder?

Du ______________ Besuch zum Kaffee?

Du ______________ Geburtstag ______________?

Wir ______________ das Missgeschick ______________.

Er ______________ wie ein Engel.

Während der Urlaubszeit ______________ ich auf seinen Hund __________.

Das Herrchen ______ auf Mallorca ______________.

Weil du das Verbrechen ______________, __________ deine Strafe milder.

Kontrolle: Wenn du die richtige Auswahl beim Füllen der Lücken getroffen hast, ergeben die nicht durchgestrichenen Wörter aus den Schlangenwörtern der Reihe nach gelesen einen Satz.

Lösungssatz: ______ ____________ ______ ______ ________________

______________ __________ ______ ________________,

______ ________________ ______ ____________.

Die Verwendung des Präsens I

Entscheide, ob das Geschehen in den folgenden Sätzen jetzt stattfindet, in der Zukunft liegt oder ob der Zeitpunkt nicht eindeutig bestimmbar ist. Notiere hinter den Sätzen die entsprechende Ziffer.

1 für „findet jetzt statt“, **2** für „liegt in der Zukunft“, **3** für „ist nicht eindeutig bestimmbar“

×

Morgen kommt seine Mutter zu Besuch. ______

Seine Mutter kommt gerade zu Besuch. ______

Seine Mutter kommt zu Besuch. ______

Anne geht zu Fuß zur Schule. ______

Anne geht kommende Woche zu Fuß zur Schule. ______

Jetzt geht Anne zu Fuß zur Schule. ______

Gemeinsam bauen sie einen Verkaufsstand auf. ______

Am Montag findet der Marathon statt. ______

Ich schaue gerade fern. ______

Beim Puzzeln verliere ich die Geduld. ______

Im Moment habe ich keine Zeit. ______

Gehst du nachher bitte mit dem Hund raus? ______

Er ist gerade auf dem Weg zum Supermarkt. ______

Kontrolle: Schneide den Kontrollstreifen aus und lege ihn so neben deine Sätze, dass die beiden Markierungen (x) genau aufeinander liegen. Anhand der Rechenvorgaben kannst du überprüfen, ob du die Aufgabe korrekt gelöst hast.

−1 +1 −2 +2 −1 −1 +2 −1 −1 +0 +2 −1 ×

Die Verwendung des Präsens II

Suche aus dem folgenden Wortgitter die Ausdrücke, die darauf hinweisen, wann ein Ereignis stattfindet.

N	N	A	D	T	I	R	E	D	F	S	N	T	F	I	X
N	O	A	I	Q	S	M	F	B	R	Ä	T	N	N	M	Z
U	M	J	F	U	G	H	Z	I	C	T	L	E	J	A	Q
N	D	T	O	J	Z	K	C	H	Z	L	T	M	G	U	F
H	J	R	P	E	I	H	S	Ä	P	R	N	O	Y	G	B
F	N	Z	R	X	A	T	H	V	N	P	T	M	T	E	X
G	G	T	I	V	E	K	B	B	Y	M	Y	M	K	N	T
E	B	T	T	W	L	D	Y	I	M	X	E	I	G	B	E
R	H	C	O	W	T	T	I	M	M	A	R	D	D	L	R
A	W	C	M	P	G	H	P	C	O	E	H	Y	X	I	Y
D	H	L	B	P	Q	T	E	J	H	R	I	A	O	C	V
E	S	P	Ä	T	E	R	T	H	J	D	G	J	Y	K	N
N	I	V	X	R	E	L	C	T	E	B	R	E	P	H	A
U	G	N	U	G	X	A	U	R	W	Q	C	T	N	T	C
S	U	V	L	D	N	M	J	J	C	Z	R	Z	E	E	Z
I	K	L	Q	L	G	V	Y	E	F	I	B	T	L	T	H

Kontrolle: Übertrage die gefundenen Wörter auf die Schreiblinien:

___ ___ ___, ___ ___ ___ ___ ___, ___ ___ ___ ___ ___ ___,

___ ___ ___ ___ ___ ___, ___ ___ ___ ___ ___ ___, ___ ___ ___ ___ ___ ___,

___ ___ ___ ___ ___ ___ ___, ___ ___ ___ ___ ___ ___ ___ ___ ___, ___ ___

___ ___ ___ ___ ___ ___, ___ ___ ___ ___ ___ ___ ___ ___ ___ ___,

___ ___ ___ ___ ___ ___ ___ ___ ___ ___ ___ ___,

___ ___ ___ ___ ___ ___ ___ ___ ___ ___ ___ ___

Die Verwendung des Präsens III

Fülle die Lücken in den folgenden Sätzen, indem du deine Lösungen aus der vorherigen Aufgabe einträgst. Jede Formulierung darf nur einmal verwendet werden. Achte außerdem darauf, die hinter den Sätzen angegebene Bedingung zu erfüllen.
Mehrere Lösungen können richtig sein.

1. Er bereitet sich ____________________ auf den Test vor. (Gegenwart)
2. ____________________ rennt Denise über die Straße. (Gegenwart)
3. ____________________ besuchen sie ein Tierheim. (Gegenwart)
4. Zuhause ist ____________________ niemand. (Gegenwart)
5. Sie sprinten ____________________ durchs Ziel. (Gegenwart)
6. ____________________ läuft nichts Interessantes im Fernsehen. (Zukunft)
7. Das Geschäft hat ____________________ geschlossen. (Zukunft)
8. ____________________ habe ich einen Arzttermin. (Zukunft)
9. Sie kümmern sich ____________________ gemeinsam in der Küche um den Abwasch. (Zukunft)
10. ____________________ wollen sie zusammen ins Kino gehen. (Zukunft)
11. Ich treffe ____________________ noch Freunde. (Zukunft)
12. ____________________ findet ein Austausch mit unserer Partnerschule aus Frankreich statt. (Zukunft)

Kontrolle: Überprüfe, ob du die Ausdrücke korrekt eingesetzt hast. Alle Formulierungen, die ein aktuelles Geschehen einleiten, stehen senkrecht in dem Wortgitter, diejenigen, die sich auf Zukünftiges beziehen, waagrecht oder diagonal.

Zusatzaufgabe: Lies die Sätze, die nicht mit einer Lücke beginnen gedanklich ohne dein eingetragenes Wort. Was lässt sich nun über den Zeitpunkt des Geschehens sagen?

Piktogramme lesen I

Verbinde jeweils ein linkes und ein rechtes Piktogramm miteinander, die thematisch zueinanderpassen. Verwende jedes Piktogramm nur einmal und notiere auf den rechten Linien die beiden Buchstaben, der verbundenen Bilder.

 R	 E	___ E
 L	 B	___ B
 N	 T	___ T
 A	 O	___ O
 E	 T	___ T
 S	 O	___ O
 S	 L	___ L
 L	 U	___ U
 A	 G	___ G
 F	 B	___ B
 K	 N	___ N

Kontrolle: Lies die rechts stehenden Buchstaben der Reihe nach. Hast du alle Piktogramme korrekt zugeordnet, erhältst du das

Lösungswort: ___ ___ ___ ___ ___ ___ ___ ___ ___ ___ ___ ___ ___ ___ –

___ ___ ___ ___ ___ ___ ___ ___

Piktogramme lesen II

Fülle das folgende Kreuzworträtsel aus.

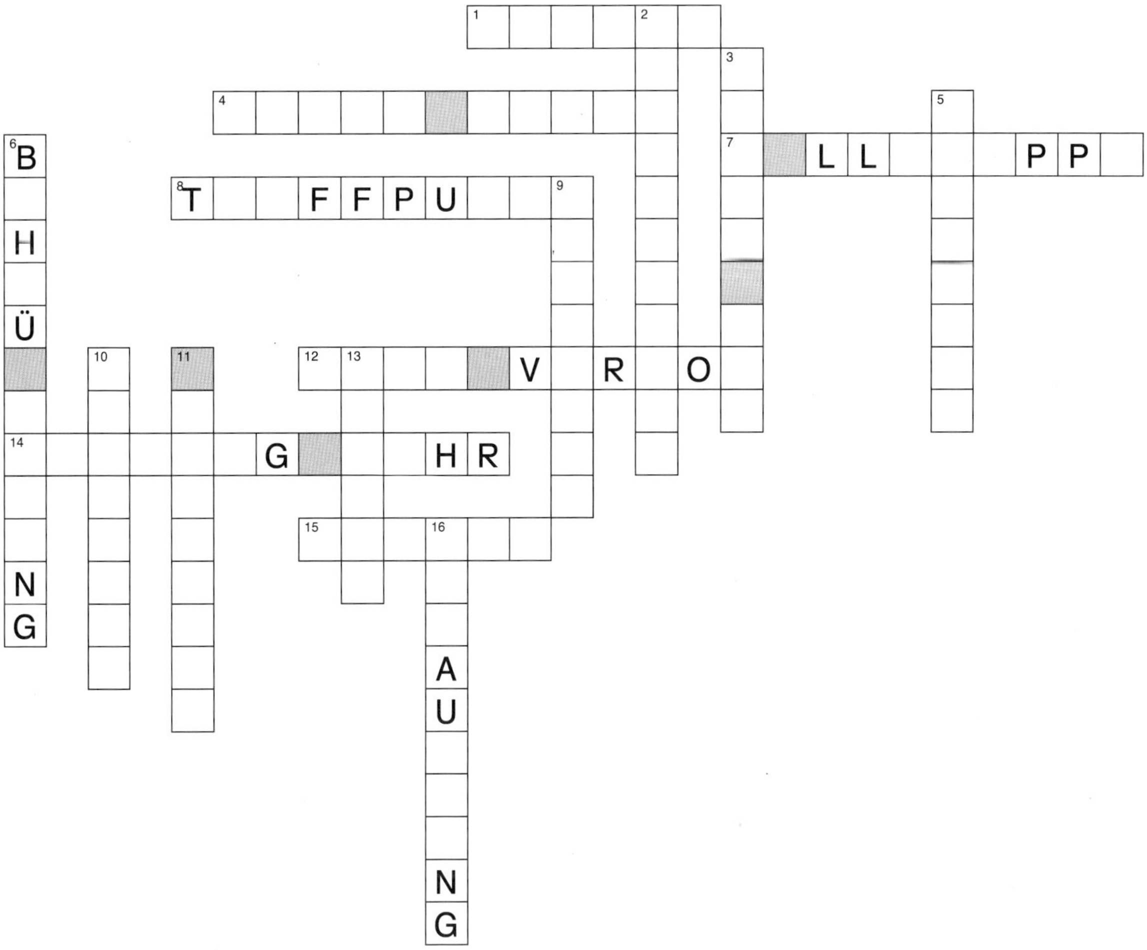

Kontrolle: Die eingekreisten Buchstaben ergeben in der richtigen Reihenfolge das

Lösungswort: _ _ _ _ _ _ _

Genaues Lesen – Wer sagt was? I

Lies das folgende Gespräch zwischen drei Klassenkameraden. Bei den ersten beiden Gesprächsbeiträgen steht dabei, wer etwas sagt. Danach musst du die Initialen der Personen selbst einfügen. Versuche aus dem Gesagten zu erschließen, wer gerade spricht.

Gespräch zwischen Dennis, Lara und Paul

D:	„Sagt mal, hat einer von euch beiden Mathe verstanden? Ich komme da gerade gar nicht mehr mit."
L:	„Wieso? So schwer ist das doch gar nicht. Man muss einfach nur am Ball bleiben. Hast du nicht aufgepasst?"
:	„Doch, natürlich, aber ich bin schon vor zwei Wochen nicht mehr mitgekommen, und habe mich nicht getraut, Herrn Fohne zu fragen."
:	„Prima! Aber eigentlich kannst du ihm jetzt keinen Vorwurf machen. Manchmal ist der Fohne wirklich merkwürdig drauf. Da würde ich mich auch nicht trauen."
:	„Lächerlich! Was seid ihr denn für Jungs? Ich dachte, ihr seid so stark im Nehmen. Er ist halt keiner, der ständig am Lachen ist, aber wenn man ihn was fragt, erklärt er es immer noch mal."
:	„Erstens guckt er immer so streng und zweitens habe ich im letzten Halbjahr schon zwei Mal eine vier geschrieben, und ich wollte nicht schon wieder unangenehm auffallen, wenn ich was frage."
:	„Aha, da hast du natürlich vollkommen recht. Fall lieber mit der nächsten vier unangenehm auf."
:	„Es ist echt nicht fair. Jetzt hack doch nicht auf ihm rum. Ich kann ihn gut verstehen. Ihr Mädchen habt es sowieso leichter beim Fohne, das weiß doch jeder."
:	„Richtig. Ich habe nur deshalb eine zwei in Mathe, weil ich ein Mädchen bin. Ist es das, was du denkst?"
:	„Nein, das hat er nicht so gemeint. Er quatscht nur dummes Zeug, weil er auch nicht der Hellste in Mathe ist."
:	„Tatsächlich? Wen rufst du denn nachmittags immer an, wenn du mit den Hausaufgaben nicht weiterkommst? Mich oder die da?"
:	„Naja, ehrlich gesagt ruf ich immer erst Lara an, und wenn sie nicht da ist, probiere ich es bei dir."
:	„Ach, vielen Dank für das ‚die da'. Wenn du ‚die da' mal wieder brauchst, um Hausaufgaben abzuschreiben, wird dich ‚die da' auslachen."
:	„Es war doch gar nicht so gemeint. Du bist aber heute auch empfindlich."
:	„Ich bin froh, dass wir das jetzt geklärt haben, kann mir nun einer von euch Mathe erklären? Wenn nicht, rufe ich nämlich spätestens heute Nachmittag sowieso wieder bei mindestens einem von euch an."
:	„Rufst du diesmal zuerst bei mir an oder bin ich wieder zweite Wahl?"
:	„So, es reicht! Wisst ihr was, ich glaube, ich frage morgen einfach Herrn Fohne. Der ist, glaube ich, doch besser gelaunt als ihr beide zusammen."

Kontrolle: Schreibe jeweils den ersten Buchstaben der Gesprächsbeiträge der Personen nacheinander auf.

Dennis: __ __ __ __ __ __ Lara: __ __ __ __ Peter: __ __ __ __ __

Genaues Lesen – Wer sagt was? II
Wegbeschreibungen

In Berlin sind drei Pizzaboten unterwegs, die alle von Ihren Restaurantleitern gerade per Telefon gesagt bekommen, wo sie ihre Pizzen abliefern sollen.

Aktuelle Standorte:
Pizzabote 1: Ecke Oranienburger Straße/Taldorfer Weg
Pizzabote 2: Ecke Gorkistraße/Triftstraße
Pizzabote 3: Ecke Tessenowstraße/Schmitzweg

Markiere auf dem Stadtplan, wo sich die drei Pizzaboten befinden.

Genaues Lesen – Wer sagt was? III
Wegbeschreibungen

Sortiere die folgenden Ausschnitte so den drei Restaurantleitern zu und stelle eine passende Reihenfolge her, dass sich eine lückenlose Wegbeschreibung für jeden der drei Pizzaboten ergibt. Orientiere dich dabei auf dem Stadtplan des vorherigen Arbeitsblattes.

a) Fahre bis zur nächsten Abzweigung und dann zwei Mal rechts, so kommst du „Am Grüngürtel“ an.

b) Biege an der vierten Kreuzung auf die Oranienburger Straße nach rechts ab.

c) An der nächsten großen Kreuzung biegst du rechts ab, um gleich noch mal rechts in den „Dorfanger“ abzubiegen.

d) Biege nach rechts ab, dann gleich wieder links und fahre durch bis zum „Rathauspark“.

e) An der nächsten Kreuzung rechts und dann gleich wieder links. Du kommst schließlich „Am Rathauspark“ an. Biege links in diese Straße ein.

f) Du bist dann auf der „Rathauspromenade“. Von dort aus fährst du die Straße bis zum Ende durch und biegst nach links ab.

g) Links geht dann bald die B 96 davon ab. Fahre weiter geradeaus und überquere die nächste Kreuzung. Kurz darauf kannst du rechts in die Wilhelm-Gericke-Straße einbiegen und deine Pizza ausliefern.

h) Wenn du jetzt nach links abbiegst, die Straße durchfährst bis zum Ende und wieder nach links fährst, befindest du dich auf dem Eichborndamm.

i) Nach dieser letzten Lieferung fährst du die Straße zurück, biegst nach rechts ab und die dritte Straße wieder rechts, um hierher in den Jathoweg zurückzukommen.

j) Bleibe weiter auf der Oranienburger Straße und überquere die nächste Kreuzung. Danach fährst du die zweite Straße rechts und wieder die zweite rechts.

k) Biege dort und kurz darauf nochmals links ab, überquere zwei Kreuzungen und wenn du danach zwei Mal nach rechts abbiegst, bist du auf der Triftstraße.

l) Am besten fährst du die Straße erst mal ein Stück geradeaus und biegst in die nächste Straße rechts ab. Wenn du jetzt ganz durchfährst, triffst du auf die B 96.

Kontrolle: Zeichne mit drei unterschiedlichen Farben die Wege der Pizzaboten ein. Erreicht jeder sein Ziel?

Märchenmerkmale kennenlernen I

Aus den folgenden Bausteinen sind die Buchstaben „herausgefallen“. Unter jeder Spalte stehen die Buchstaben, die in diese Spalte gehören, nur leider in der falschen Reihenfolge. Sortiere die Buchstaben und trage sie in die leeren Felder ein, um passende Lösungen zu erhalten.

Bekannte Märchenfiguren 1

			■			S		■	W				■
■				K								■	■
■										I		■	■
■	■	■					N				■	■	■
■					R							■	■
■	■	■	■							■	■	■	■

				B	Ö	Ö	P		W				
				E	P	W	K	Z	H	E			
	E	R	O	N	Ä	P	S	T	T	C	N		
	R	O	R	A	Ä	N	N	E	H	I	L		
	F	O	N	K	E	S	E	C	L	L	H		
S	C	R	R	S	C	H	S	Ö	E	E	N	E	
D	D	H	T	H	R	U	I	C	N	O	G	F	N

Bekannte Märchenfiguren 2

■					E					ß		H			■	■
■	■	■				U	■						■	■	■	■
■	■	■		T									■	■	■	■
■	■							P						■	■	■
■									I							■
			■							■						

				C	A	E		T	N		E	R				
			F	N	E	R	W	T	U		Z	E				
		A	S	R	H	E	N	E	A	L	Z	E	H			
	I	U	M	T	E	L	N	P	I	L	L	W	L	N		
	S	E	S	P	E	U	S	H	O	T	C	C	E	R	N	
D	R	C	H	S	I	E	B	E	I	L	T	H	E	E	G	E

Vito Tagliente: Selbstkontrollaufgaben Deutsch Klasse 5

Märchenmerkmale kennenlernen II

Suche in dem folgenden Bild die Felder, die typische Märchenmerkmale enthalten und male sie mit einer passenden Farbe aus. Felder, die keine Märchenmerkmale enthalten, bleiben weiß.

Gestalte mit deinen Lösungen einen Hefteintrag zu der Überschrift „Typische Märchenmerkmale“.

Lies das folgende Märchen. Unterstreiche beim Lesen die typischen Märchenmerkmale, die dir auffallen.

Die Wassernixe

(frei nach den Brüdern Grimm)

Es waren einmal zwei Geschwister, die spielten mit ihren Papierschiffen an einem Teich.

„Schau, Schwesterchen, wie mein Schiff durch den Wind getrieben wird“, rief das Brüderchen aufgeregt, „Die Segel sind ganz straff.“

Das Schwesterchen setzte ihr Schiffchen ins Wasser und ließ es auch vom Wind treiben. Da entdeckte das Mädchen ein merkwürdiges Spiegelbild im Wasser. Sie sah eine Frau mit langem, blondem Haar und stechenden, eisigen, tiefblauen Augen, die sie höhnisch angrinste. Erschrocken wich das Schwesterchen zurück und verursachte so viel Wind, dass ihr Schiffchen weiter hinaustrieb.

„Schwesterchen, was machst du denn? Dein Schiffchen treibt ab. Das bekommen wir doch nie wieder zurück“, rief das Brüderchen entsetzt.

„Da…da ist eine blonde Frau im Wasser“, stammelte das Schwesterchen.

„Du Dummkopf, das ist dein Spiegelbild. Jetzt hilf mir, dein Schiff zurückzuholen“, beruhigte das Brüderchen sie.

Er hockte sich ganz nah an das Wasser, streckte seinen Arm aus so weit es nur ging, und sein Schwesterchen hielt seine andere Hand fest, damit er nicht ins Wasser fiel.

Fast hätte er das Schiff erreicht, doch plötzlich kam Wind auf, und beide Kinder fielen in den Teich. Als sie wieder erwachten, lagen sie beide auf dem Grund des Teiches und über ihnen stand eine boshaft grinsende Wassernixe.

„Na endlich, wie lange habe ich schon auf euch gewartet“, lachte sie, „Jedes Mal wenn ihr an dem Teich gespielt habt, habe ich gehofft, dass ihr zu mir kommt.“

„Wer bist du und was willst du von uns?“, fragte das Brüderchen zitternd.

„Ihr werdet eure Zukunft hier bei mir verbringen und für mich arbeiten.“

„Ich… ich möchte aber nach Hause“, weinte das Schwesterchen.

„Was du möchtest, ist mir egal“, fauchte die Wassernixe böse, „glaube nicht, du könntest mich mit deinem Gejammer erweichen. Mein Herz ist aus Eis. Ich kenne kein Mitleid. Und nun macht euch an die Arbeit. Siehst du den wirren Flachs dort vorne? Er muss zu Garn gesponnen werden. Und du“, wendete sie sich grob an das Brüderchen, „du wirst Holz fällen. Dort vorne ist eine stumpfe Axt. Die kannst du dazu verwenden. Und jetzt hört auf zu winseln und macht euch an die Arbeit.“

Sieben Tage und sieben Nächte lang mussten die Kinder für die gemeine Wassernixe schuften und hatten keine Möglichkeit, ihr zu entkommen. Tagein, tagaus standen sie unter ihrer Beobachtung. Mit ihren stahlblauen eisigen Augen begleitete sie jeden ihrer Schritte. Zu essen gab sie ihnen nur alte, steinharte Klöße und am Tage mussten sie ununterbrochen arbeiten.

Märchenmerkmale identifizieren II

Am siebten Tag aber ergab sich endlich eine Fluchtmöglichkeit.

„Hör genau zu, Brüderchen“, flüsterte das Schwesterchen aufgeregt in einem unbeobachteten Moment, „Einer der Fische, die ich hin und wieder füttere, hat mir ein Geheimnis anvertraut. Die Wassernixe geht sonntags immer für ein paar Stunden aus dem Haus. Das sollten wir nutzen, um zu fliehen.“

„Aber sie wird es bemerken“, widersprach das Brüderchen hoffnungslos, „und wenn sie uns wieder einfängt, wird es hier nur umso schlimmer für uns werden.“

„Der Fisch sprach auch von magischen Gegenständen, die die Wassernixe in ihrem Besitz hat: Eine Bürste, einen Kamm und einen Spiegel, damit sie ihre langen güldenen Haare immer pflegen kann. Diese Gegenstände sollen wir an uns nehmen und sie nach ihr werfen, falls sie uns folgt.“

„Was flüstert ihr miteinander?“, schallte es plötzlich durch die Dunkelheit, „Habt ihr etwa nichts zu tun? Kümmert euch um eure Arbeit und lasst das Tratschen. Ich muss kurz aus dem Haus, aber sobald ich wieder da bin, werde ich nach euch schauen. Und wehe euch, ihr seid mit eurer Arbeit nicht vorangekommen.“

Mit diesen Worten verließ die Nixe selbstsicher das Haus. Doch kaum war sie gegangen, schnappten sich die Geschwister, wie von dem freundlichen Fisch empfohlen, die Bürste, den Kamm und den Spiegel und flohen so schnell sie konnten aus dem Unterwasserreich.

Es dauerte nicht lange, da hatte die Wassernixe entdeckt, was geschehen war, und nahm wutentbrannt die Verfolgung auf.

„Schnell“, rief das Schwesterchen, „wirf die Bürste nach ihr!“

Der Bruder tat wie befohlen, und als die Bürste den Boden berührte, tat sich ein riesiger Bürstenberg mit unzähligen stacheligen Borsten auf. Die Wassernixe ließ sich jedoch nicht aufhalten, sondern kämpfte sich durch die langen Stacheln, bis sie wieder hinter den Kindern her war.

„Den Kamm“, rief das Schwesterchen, „wirf den Kamm nach ihr.“

Kaum fiel der Kamm vor die Verfolgerin, wuchs ein gewaltiger Kammberg. Seine furchteinflößenden langen Zähne stachen in alle Richtungen, aber auch das konnte die wütende Wassernixe nicht aufhalten. Doch das Schwesterchen verlor den Mut nicht. „Den Spiegel! Der Spiegel muss sie aufhalten.“

Im Laufen drehte das Brüderchen sich um und warf den magischen Spiegel. Mit einem lauten Klirren fiel er der Wassernixe genau in den Weg. Er zersprang in tausend Teile und aus seinen Scherben wuchsen riesige spitze, glatte Splitter, die weiter und weiter wuchsen und der Wassernixe den Tod brachten.

Die Kinder aber kamen wohlbehalten zuhause an, wo sie jedem, der es hören wollte, von ihren Abenteuern erzählten. Und wenn sie nicht gestorben sind, erzählen sie noch heute ihre wundersame Geschichte.

Märchenmerkmale identifizieren III

Kreuze die richtigen Antworten zu den Märchenmerkmalen in „Die Wassernixe“ an. Beachte, dass manchmal mehrere Antworten richtig sein können.

Enthält das Märchen einen formelhaften Anfang und einen formelhaften Schluss?	○ Ja, beides. (U) ○ Nein, keines von beiden. (E) ○ Es enthält nur einen formelhaften Anfang. (A)

Haben die Hauptfiguren konkrete Namen?	○ Ja, sie haben konkrete Namen. (N) ○ Nein, sie haben keine konkreten Namen. (H) ○ Nur die Wassernixe hat einen Namen. (L)

Gibt es in dem Märchen verwunschene Orte?	○ Ja, es gibt den verwunschenen Wald, in dem die Kinder spielen. (L) ○ Ja, es gibt die Welt unter dem Teich. (R) ○ Nein, es gibt keine solchen Orte. (G)

Spielt die Handlung zu einer bestimmten Zeit?	○ Ja, die Handlung spielt im Mittelalter. (E) ○ Ja, die Handlung spielt in der heutigen Zeit. (O) ○ Die Zeit wird an keiner Stelle im Text genannt. (M)

Tauchen Helfer für die Guten im Märchen auf?	○ Ja, ein sprechender Kamm, eine Bürste und ein Spiegel. (S) ○ Ja, ein sprechender Fisch. (A) ○ Ja, die Wassernixe. (R)

Gibt es magische Gegenstände?	○ Ja, die stumpfe Axt. (A) ○ Ja, ein Segelschiff. (I) ○ Ja, eine Bürste, einen Kamm und einen Spiegel. (C)

Wo tauchen typische Märchenzahlen auf?	○ Die Kinder spielen mit drei Schiffen. (M) ○ Die Geschwister erhalten drei Aufgaben. (T) ○ Die Kinder bleiben sieben Tage. (H) ○ Es gibt drei magische Gegenstände. (E) ○ Die Wassernixe muss drei Hindernisse überwinden. (R) ○ Die Wassernixe hat drei Flossen. (S)

Kontrolle: Lies die Buchstaben hinter deinen Antworten der Reihe nach. Hast du alles richtig gemacht, erhältst du das

Lösungswort: __ __ __ __ __ __ __ __ __

Genaues Lesen – Fehler in einem Märchen finden I

In dem folgenden Text ist einiges durcheinandergeraten. Lies aufmerksam und unterstreiche die Stellen, die nicht so ganz zu dem Märchen passen, wie du es kennst. Schreibe unter jeden Textabschnitt, aus welchen anderen Märchen Teile übernommen wurden.

Das (verkehrte) Rotkäppchen

1. Es war einmal ein gut erzogenes braves Mädchen, das von jedem gemocht wurde, der es nur sah. Eine Königin hatte ihr einen roten Umhang, ein rotes Käppchen und einen roten vergifteten Apfel geschenkt, so dass es fortan von allen Leuten nur noch Rotkäppchen genannt wurde. Jeder freute sich über das nette Rotkäppchen, nur ihre biestige Stiefmutter nicht, die ihm immer die niederen Arbeiten auftrug. Deshalb beschloss das Mädchen, ihr eines Tages eine Freude zu bereiten. Da die Stiefmutter krank war, machte sich das Rotkäppchen auf den Weg durch den finsteren Wald, um ihr etwas zu essen zu bringen.
Das Rotkäppchen war zwar zu allen immer sehr freundlich, aber ein bisschen schusselig, deshalb hatte man ihm auf den Weg zur Stiefmutter Brotkrumen gelegt, damit es den Weg zurück findet.

2. Fröhlich lief das Rotkäppchen durch den Wald, als plötzlich ein Baum zu ihr sprach: „Ach schüttle mich und rüttle mich, mein Baum ist voller Äpfel."
Vor Schreck hätte das Mädchen fast seinen Korb verloren. Schnell lief es weiter, bis es erneut eine Stimme vernahm.
Eine Taube saß am Wegesrand und gurrte: „Ruckedigu, Ruckedigu, Blut ist im Schuh."
Das Rotkäppchen begann sich zu ängstigen und lief schneller.

3. Dabei übersah es nach der nächsten Weggabelung den bösen Wolf, der mitten im Weg stand. Erschrocken fragte sie: „Wolf, wieso hast du so große Ohren?"
„Damit ich dich besser hören kann", antwortete der Wolf.
„Aber Wolf, wieso hast du so kleine Augen?", fragte das Rotkäppchen neugierig.
„Entschuldige mal", sagte der Wolf, „wenn du nicht schlafen könntest, weil dir jemand etwas unter die Matratze geschoben hat, würdest du auch so müde aussehen."
„Aber…", stammelte Rotkäppchen, „wieso hast du so einen großen Mund?"
Der Wolf lachte und antwortete: „Damit ich dich nachher im Haus deiner Stiefmutter fressen kann."

Genaues Lesen – Fehler in einem Märchen finden II

4. Zutiefst verängstigt rannte das Rotkäppchen los, bis es schließlich völlig außer Atem das Haus der Stiefmutter erreichte. Schnell stürzte es hinein und ließ sich auf einen Stuhl fallen.
Da hörte das Mädchen vom Bett der Stiefmutter her ein lautes Quaken. Im Bett saß ein übergroßer Frosch in einem rosa Nachthemd.
„Stiefmutter“, rief das Rotkäppchen entsetzt, „Bist du das?“
„Ja“, quakte der Frosch, „Ich wurde verflucht. Nur wenn mich jemand von königlichem Blute küsst, kann ich meine menschliche Gestalt wieder annehmen.“

_ _ _ □ _ _ _ _ _ □ _ _ _ _

5. „Oh, arme, arme Stiefmutter, was stellen wir jetzt bloß mit dir an?“, fragte das Rotkäppchen der Verzweiflung nahe, „Nun iss erst mal etwas, und ich werde Hilfe holen.“
„Ich bin so satt, ich mag kein einziges Blatt, meh, meh!“, schimpfte die Stiefmutter.
Noch während das Rotkäppchen weiter über eine Lösung grübelte, wurden ihm plötzlich die Augen schwer. Langsam glitt es in einen tiefen Schlaf, weil sich irgendwo im Königreich eine Prinzessin in den Finger gestochen hatte.
Und wenn diese Prinzessin bis heute niemanden geküsst hat, schläft das Rotkäppchen noch heute.

□ _ □ _ _ _ □ _ _   _ _ _ _   _ _ _ _,
_ _ □ _ _ _ _ _ _ □ _

Kontrolle: Bringe die eingerahmten Buchstaben in die richtige Reihenfolge, um den Namen einer weiteren Märchenfigur zu erhalten.

Lösungswort: _ _ _

_ _ _ _ _ _ _ _ _ _ _

_ _ _ _ _

Genaues Lesen – Fehler in einer Erzählung finden I

In der folgenden Erzählung stößt du auf einige inhaltliche Ungereimtheiten. Lies aufmerksam und unterstreiche die zehn Stellen im Text, die nicht stimmen können.

Eine unglücklich glückliche Begegnung

„Hör zu“, sagte seine Mutter verständnisvoll, „ich weiß, dass es nicht einfach ist, in eine neue Schule zu wechseln. Du kennst niemanden und weißt nicht, was dich erwartet. Aber glaube mir, nach zwei Wochen wirst du neue Freunde gefunden haben und dich wohlfühlen.“

Ungläubig schaute Leon sie an. Sie hatte leicht reden. Sie musste ja nicht in eine neue Klasse gehen, sondern hatte ihren Job als Arzthelferin noch in der gleichen Praxis wie vorher. Wegen der Trennung seiner Eltern waren sie umgezogen, was für Leon bedeutete, dass er noch einmal von vorne anfangen musste. Ganz von vorne. Das Lächeln seiner Mutter half da auch nicht sonderlich viel.

„Na komm schon“, startete sie einen letzten Versuch, „Ich bringe dich zur Schule und dann muss ich auch zur Arbeit. Ich muss heute eine neue Kassiererin anlernen, da darf ich nicht zu spät kommen.“

Leon schob seinen Teller mit dem nur halb gegessenen Nudelauflauf zur Seite, nahm demonstrativ seine Jacke und ging vor zur Tür, wo er seine bereits gepackte Tasche abgestellt hatte. Er würde ja versuchen, nicht ganz so traurig und unsicher zu wirken, aber einfach war es nicht. Mit einem kurzen Winken verabschiedete er sich von seinem Vater, und ging hinaus zum Auto. Sicher würde das unangenehme Gefühl auf dem Weg zur Schule weiter zunehmen. Hinter ihm fiel die Haustür ins Schloss. Mit einem leisen Klicken öffnete sich die Zentralverriegelung des Autos als die Mutter auf ihren Regenschirm drückte.

„Komm, ausnahmsweise darfst du heute mal vorne sitzen“, sagte sie aufmunternd, während sie auf dem Beifahrersitz Platz nahm.

Noch immer schweigend stieg Benno ein und nahm seine Tasche auf den Schoß. Es war für ihn, als führe er direkt in sein Verderben. Was konnte denn schlimmer sein, als zu einer Gruppe anderer Kinder zu stoßen, die sich alle bereits kannten und Freundschaften geschlossen hatten? Er würde sich vorkommen, wie ein außerirdischer Eindringling.

Auf den Straßen war kaum etwas los, so dass sie problemlos vorwärtskamen.

Und mit jedem gefahrenen Meter nahm sein mulmiges Gefühl zu. Was, wenn sie ihn ignorieren würden? Oder wenn sie ihn auslachen und mobben würden?

Leon war noch in Gedanken, als seine Mutter plötzlich so stark bremste, dass er ohne Halt vom Gepäckträger rutschte. Sein Knie schlug hart auf dem Asphalt auf und seine Tasche rutschte noch vier Meter weiter, bevor sie gegen die Reling prallte und liegen blieb.

Einen Moment lang war ihm schwarz vor Augen und der Schmerz in seinem Bein war so groß, dass er dachte, es müsse gebrochen sein. Und dann rannten Füße um ihn herum. Eine Menge Füße, aufgeregte Füße. Er erkannte die Schuhe seiner Mutter und daneben ein Paar Turnschuhe, die wohl zu dem Jungen gehören mussten, der besorgt zu ihm hinunterschaute.

„Hey, geht es dir gut? Du bist ja ganz schön böse gestürzt. Soll ich dir helfen?“

„Es … es geht schon“, erklärte Leon stotternd, „Mir tut nur mein Bein weh, aber ich glaube, es ist nichts Ernstes.“

„Soll ich dir aufhelfen?“

Der fremde Junge wartete erst gar keine Antwort ab, sondern packte Leon unter den Achseln und half ihm auf die Beine.

In dem Moment erreichte auch seine Mutter die beiden Jungen.

„Mein Gott, Leon, bist du okay? Da sprang plötzlich diese Katze über die Straße, wie aus dem Nichts, und ich musste bremsen. Geht es dir gut?“

„Ja, klar, alles in Ordnung“, erwiderte Leon.

„Du heißt Leon?“, fragte der fremde Junge interessiert, „bist du der Neue, der in die 5b kommt?“

„Ja, … wieso?“, wollte Leon vorsichtig wissen.

„Dann kommst du in meine Klasse“, sagte der Fremde lächelnd, „wir sind schon alle ganz gespannt auf dich. Ich bin Frederick.“

Und während Frederick ihm die Hand entgegenstreckte, merkte Leon, wie der Schmerz in seinem Arm langsam nachließ und sich das erste Lächeln des Tages auf seinem Gesicht ausbreitete.

Kontrolle: Verbinde die Nummern der Zeilen, die einen inhaltlichen Fehler enthalten, der Reihe nach. Vervollständige so die Zeichnung.

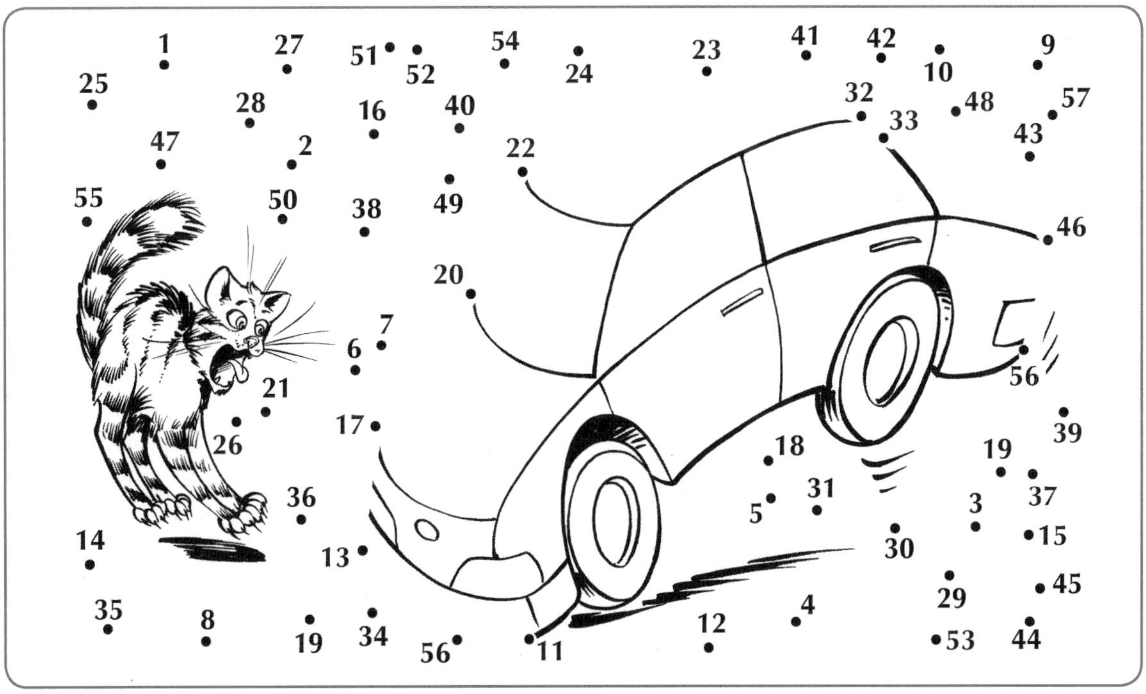

In Sinnabschnitte gliedern I

Gliedere den folgenden Text in acht Sinnabschnitte, indem du jeweils mit dem Lineal eine Linie ziehst.
Tipp: Achte darauf, wo eine thematisch neue Textpassage anfängt.

Der Zwergotter als Haustier?

In einigen Reality-Dokumentationen sieht man vermehrt Privatpersonen, die sich außergewöhnliche Haustiere halten. Beliebt sind neben dem herkömmlichen Hund, der Katze, Vögeln oder kleinen Nagern immer häufiger Reptilien, aber auch Affen, Füchse oder andere Wild- und Raubtiere. Ob den Tieren dabei ein Gefallen getan wird, bleibt fraglich. Nachdem Frettchen in Mode gekommen sind, steigt zum Beispiel auch die Nachfrage nach Zwergottern. Diese gehören zur Unterfamilie der Otter und sind eine Raubtierart. Ihr Rumpf wird bis zu 60 cm lang, hinzu kommt eine Schwanzlänge zwischen 25 und 35 cm. Mit dieser Größe sind sie die kleinsten Otter. Ihr Gewicht beträgt zwischen 1 und 5 Kilogramm.

Ihr Fell ist meist grau oder dunkelbraun, lediglich im Nacken und am Bauch gibt es hellere Stellen. Während der Otter Schwimmhäute zwischen den Zehen besitzt, haben diese sich im Laufe der Zeit beim Zwergotter zurückgebildet. Somit kann er seine Finger besser bewegen als seine größeren Verwandten. Auch seine Krallen haben sich zurückgebildet und werden kaum noch benutzt.

Zwar leben sie in der Nähe von Gewässern, z. B. an Flussmündungen oder Küsten, bewegen sich aber eher in dicht bewachsenen Flächen. Ihr Hauptlebensraum ist Südasien. So wohnen sie in Teilen Südchinas, Borneo, Java oder den südlichen Philippinen.

Während sich andere Otterarten oft von Fischen ernähren, sieht man Zwergotter häufig in Küstengebieten im Sand oder Schlamm wühlen, wo sie auf Schalentiere hoffen. Diese nehmen sie mit den Pfoten auf und knacken sie mit ihrem scharfen Gebiss, um an das Krebsfleisch zu gelangen. Das heißt allerdings nicht, dass sie Fische vollkommen verschmähen. Da sie aber im Unterschied zu vielen anderen Otterarten bei der Nahrungssuche mit den Pfoten und weniger mit dem Maul vorgehen, hat sich das Wühlen für die Zwergotter als ergiebiger erwiesen.

Größere Otterarten leben häufig in eigenen Revieren. Es gibt zwar Überschneidungen in den Revieren von einzelnen Männchen und Weibchen, begibt sich aber ein Otter gleichen Geschlechts in ein belegtes Revier, wird er vertrieben. Zwergotter hingegen mögen die Geselligkeit. Sie leben gern in Gruppen bis zu zwölf Artgenossen. Man sieht sie gemeinsam spielen oder zusammenliegen. Ein derartiges Zusammenleben ist also nicht nur geduldet, sondern auch gewünscht.

Kehrt man nun zur Ausgangsfrage zurück, kann jeder für sich selbst beantworten, ob er einem solchen Tier in Deutschland als Haustier ein Zuhause geben möchte. Die Bedingungen, die man dafür erfüllen müsste, um dem Zwergotter eine artgerechte Haltung zu garantieren, sollte man nicht unterschätzen.

Per Gesetz ist vorgeschrieben, dass die Haltung von Zwergottern gemeldet wird. Außerdem ist genau vorgegeben, welche Mindestanforderungen man einhalten muss, um sich diese Tiere zu halten.

So sieht dieses Gesetz vor, dass man einen großen Garten besitzt, in dem man ein Gehege von mindestens 10 Quadratmetern abtrennen kann. Außerdem benötigt der Zwergotter eine dichte Bepflanzung und ein ausreichendes Wasserbecken. Bedenkt man die mögliche Körpergröße des Zwergotters von einem Meter, erscheinen einem selbst die vorgeschriebenen Gehegemaße zu klein. Nicht vergessen sollte man auch, dass das Tier andere Temperaturen gewöhnt ist, als sie in Deutschland üblich sind. Das bedeutet die Bereitstellung von Schutzräumen, in die sich der Zwergotter zurückziehen kann, wenn es zu kalt wird.

Wenn also jemand bei der Anschaffung eines solchen Tieres schon nicht an das Wohl des Otters denkt, überzeugen ihn vielleicht die Umstände, die er selbst dadurch hätte, davon, noch einmal darüber nachzudenken.

Kontrolle: Kreise mit Bleistift das jeweils letzte Wort eines Sinnabschnittes ein. Überprüfe anschließend, ob deine eingekreisten Wörter in den folgenden Sätzen vorkommen. Dein erstes eingekreistes Wort sollte im ersten Satz vorkommen, das zweite eingekreiste Wort im zweiten usw.

1. Das Sozialverhalten betreffend könnten einige Menschen von Zwergottern etwas lernen.

2. Ein Otter benötigt ca. 2,5 Kilogramm Fisch pro Tag.

3. Für die Fortbewegung im Wasser benutzt ein Otter seine Schwimmhäute.

4. Auf den Philippinen sind mehrere Otterarten anzutreffen.

5. Es ist erwiesen, dass Otter unter der Wasserverschmutzung leiden.

6. In einigen Ländern ist die Vertreibung der Otter gewünscht, weil man der Meinung ist, sie fressen dem Menschen die Nahrung weg.

7. Der Otter wird dort als Nahrungskonkurrent gesehen.

8. Einige Menschen sollten mehr dazu angehalten werden, über ihr Verhalten der Natur gegenüber nachzudenken.

Zwischenüberschriften zuordnen I

Bei der Formulierung von Zwischenüberschriften für einzelne Sinnabschnitte gibt es mehrere richtige Lösungen. Wichtig ist aber, dass mit der Zwischenüberschrift der Kern des Sinnabschnittes getroffen wird (also keine Formulierung von Nebensächlichkeiten!) und dass man sich später auf einen Blick ins Gedächtnis rufen kann, worum es in dem Abschnitt ging.

Für jeden der acht Sinnabschnitte im Text „Der Zwergotter als Haustier?“ findest du hier jeweils drei Vorschläge für Zwischenüberschriften. Entscheide dich für die passendste der Zwischenüberschriften und kreise den entsprechenden Gegenstand ein.

1. Sinnabschnitt

2. Sinnabschnitt

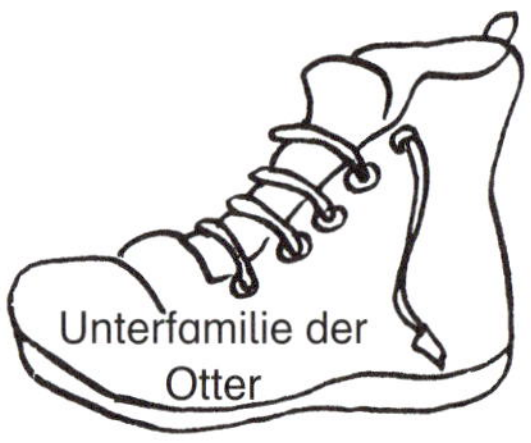

3. Sinnabschnitt

4. Sinnabschnitt

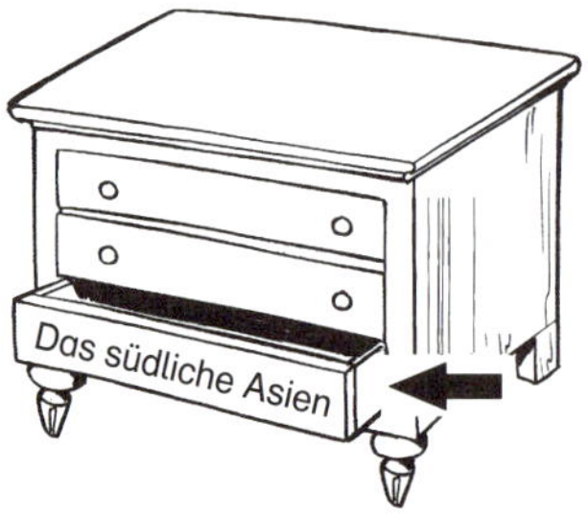

Zwischenüberschriften zuordnen II

5. Sinnabschnitt

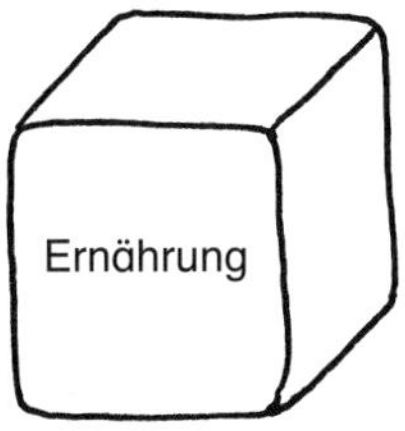

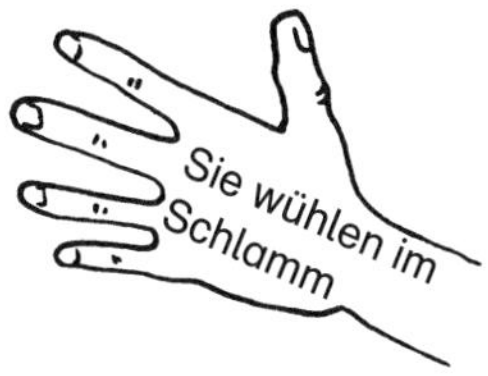

6. Sinnabschnitt

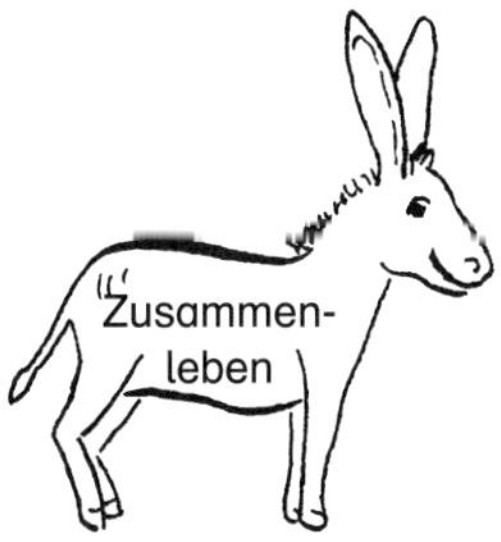

7. Sinnabschnitt

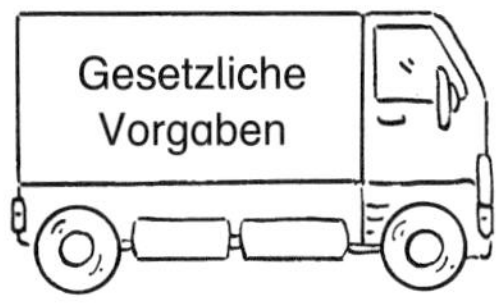

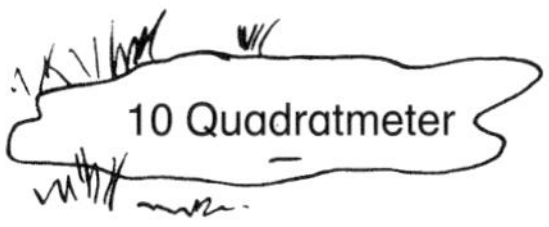

8. Sinnabschnitt

Kontrolle: Notiere hier die Anfangsbuchstaben der von dir eingekreisten Gegenstände der Reihe nach.

Lösungswort: __ __ __ __ __ __ __ __

Sinnentnehmendes Lesen I

Löse das Rätsel zum Text „Der Zwergotter als Haustier?“.

1. Womit öffnen Zwergotter ihre Nahrung?
2. Wenn man sich Zwergotter hält, benötigen sie wegen der kalten Temperaturen …
3. Wer hält sich immer häufiger „besondere“ Haustiere?
4. Mit welchem Körperteil suchen Zwergotter nach Nahrung?
5. Was muss zur artgerechten Haltung im Garten vorhanden sein?
6. Welche Farbe haben Zwergotter häufig?
7. Der Zwergotter hat verkümmerte Schwimmhäute und …
8. Wer besitzt ausgeprägte Schwimmhäute?
9. (waagrecht) Wovon ernähren sich Zwergotter überwiegend?
9. (senkrecht) Woher stammen Zwergotter?
10. Bis zu wie vielen Tieren leben bei Zwergottern in einer Gemeinschaft?
11. Wie viele Zentimeter lang kann ein Zwergotter insgesamt werden?
12. Welche Raubtiere werden seit einigen Jahren vermehrt im Zoohandel angefragt?
13. Was muss im Garten angelegt sein, um Zwergotter halten zu dürfen?

Sinnentnehmendes Lesen II

Der Text „Der Zwergotter als Haustier?“ enthält nicht nur Informationen zu Zwergottern, sondern auch zu den großen Ottern. Betrachte die nachfolgenden Informationen und trage sie in die richtige Tabellenspalte ein. Eine der Informationen gehört in beide Spalten. Notiere auch jeweils den Buchstaben, der auf den Kärtchen steht.

Hinweis: Nicht alle Informationen standen im Text. Aber alle passen in die Tabelle.

- ... werden bis zu 95 cm lang (U)
- ... werden bis zu 5 Kilogramm schwer (A)
- ... werden bis zu 15 Kilogramm schwer (E)
- ... essen gern Fisch (F)
- ... essen gern Schalentiere (T)
- ... werden bis zu 1,20 m lang (I)
- ... werden bis zu 95 cm lang (U)
- ... haben graues/dunkelbraunes Fell (R)
- ... haben höchstens zu zweit ein eigenes Revier (D)
- ... haben verkümmerte Schwimmhäute (E)
- ... nehmen Nahrung mit den Pfoten auf (I)
- ... nehmen Nahrung mit dem Maul auf (E)
- ... leben in kleinen Gruppen (R)
- ... leben weltweit außer in Australien (S)
- ... leben in Südasien (B)
- ... haben ausgeprägte Schwimmhäute (L)

	Zwergotter ...	Otter ...
Fellfarbe		
Körpergewicht		
Körperlänge		
Lebensraum		
Lieblingsnahrung		
Nahrungsaufnahme		
Schwimmfähigkeiten		
Gruppenverhalten		

Kontrolle: Lies in beiden Spalten die Kontrollbuchstaben von oben nach unten.

Lösungswörter: _ _ _ _ _ _ _ _ _ , _ _ _ _ _ _ _ _ _

Lösungen: Sprechen und Schreiben/ Rechtschreibung und Zeichensetzung

Sprechen und Schreiben

Seite 5 – 7 *Wortkombinationen I–III*

Lösungswörter: KOMPOSITUM, KOMPOSITA

Seite 8 + 9 *Wortschatz erweitern – Wortfelder bilden I + II*

Aufgabe 2: Internet, Mathematik, Fahrrad, Flughafen, Urlaub

Zusatzaufgabe: Brezel, Vollkorn, Kuchen, Torte, Baguette

Lösungssatz: DER OBERBEGRIFF LAUTET „BACKWAREN“.

Seite 12 *Ein Wort, viele Bedeutungen – Homonyme*

(7) Mutter, (8) Band, (10) Fall, (11) Araber, (15) Ton, (19) Strecken, (21) Bart, (25) Wanze, (27) Strauß, (33) gerade, (35) Bogen

Seite 14 *Richtig argumentieren II*

Aufgabe 1: **1.** nämlich, denn, weil, da
2. deshalb, aus diesem Grund

Seite 15 + 16 *Anschaulich erzählen – treffende Verben I + II*

1. lauern, kauern, sich verstecken
2. trällern, fiepen, schmettern
3. beobachten, mustern, anstarren
4. schreien, brüllen, raten
5. erledigen, anfertigen, sich kümmern um
6. kriechen, spurten, hechten
7. bugsieren, verfrachten, geleiten

Lösungswort: ANSCHAULICH

Rechtschreibung und Zeichensetzung

Seite 28 *Auslautverhärtung – Wörter verlängern*

Der korrekte Weg lautet: gesund – Stab – Brand – kompakt – Vertrag – Monolog – Hektik – Verstand – bekannt – Eklat – Strand – Diät – Musik – Streit – Honig – Gelenk – plump – taub – Olymp – Advent – Gesang – herb – grob – ZIEL

Seite 31 *Lange Vokale (1)*

Einfacher (lang gesprochener) Vokal	ie	h	Doppelvokal
Krokodil	Wiege	Stühle	Waage
Waschmaschine	Schienen	Sohle	Erdbeeren
Mandarine		Wasserhahn	Boot
Säge			Teekanne
Ruder			
Lawine			

Seite 33 + 34 *Doppelkonsonanten I + II*

Wörter mit einfachen Konsonanten	Wörter mit Doppelkonsonanten
verwenden	Pudding
Besatzung	Sättigung
bekam	Messbecher
Bange	Gewissen
Tugend	verlässlich
Lende	bekannt
Katalysator	Kaffee
Kanone	geritten
elegant	Wettkönig
Kapitel	Gerippe
beging	Karaffe
Abitur	stottern
Fotograf	Waffel
plakatieren	Beginn
Sumpf	Mannschaft
Kündigung	geschafft
Kapitän	symmetrisch
Kalender	gekrümmt
Mathematik	Etappe
schwanken	Giraffe

Lösungen: Rechtschreibung und Zeichensetzung/ Grammatik

Seite 35 Rechtschreibfehler identifizieren I

Lösungswörter: SPIEGEL, WUNDERLAMPE

Seite 39 Konjunktionen erkennen und verwenden I

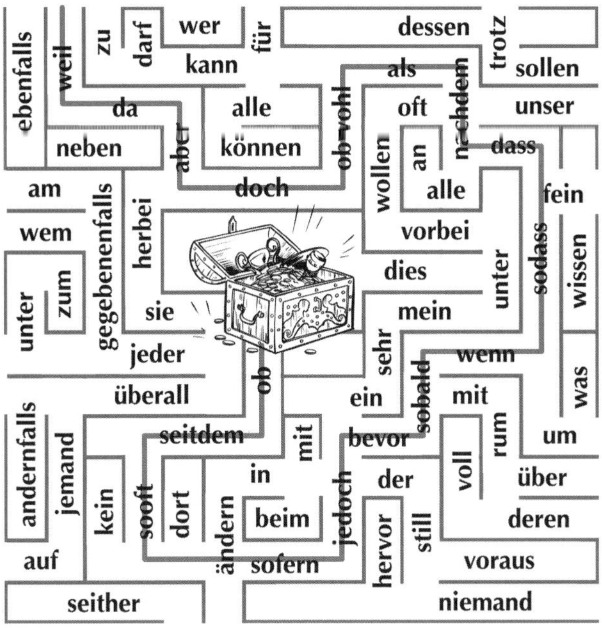

Grammatik

Seite 40 Konjunktionen erkennen und verwenden II

Die Zahl lautet 35.

Seite 41 Präpositionen I

Aufgabe 1: an, zum, vor, auf, zu, hinter, am, nach, unter, über

Aufgabe 2: A) an
A) zum
F) an, vor, auf, hinter, unter, über
A) zu
F) hinter, an, vor, auf, unter, über
A) am
B) nach, vor
C) zu, vor, nach

Seite 42 Präpositionen II

außer, bei, gegenüber, in, neben, zwischen, abseits, außerhalb, entlang, innerhalb, jenseits, längs, binnen, durch, mit, inmitten, für

Lösungswort: GRAMMATIK

Seite 43 Wortarten unterscheiden I

Aufgabe 1: **Lösungssatz:** ER GING LACHEND DEN WEG ENTLANG. *(andere Satzstellung möglich)*

Aufgabe 2: **Lösungswort:** VERBOT

Seite 44 Wortarten unterscheiden II

1. Attest, **2.** startet, **3.** voran, **4.** Patente, **5.** Trabant, **6.** vorn, **7.** Projekt, **8.** orten

Seite 45 Adjektive richtig steigern I

1. bezaubernd, **2.** mutiger, **3.** am spannendsten, **4.** am gelungensten, **5.** dröhnend, **6.** ruhiger, **7.** gemütlicher, **8.** missglückt, **9.** am witzigsten

Seite 46 + 47 Adjektive richtig steigern II + III

Lösungssatz: WANN VERWENDET MAN „ALS“?

Seite 48 – 50 Satzglieder ermitteln und unterscheiden I–III

1. Dem Flüchtenden verschaffte sie einen Vorsprung.
2. Ihm rutschte die Hose.
3. Den Schlüsselbund hatte ihr jemand abgenommen.
4. Ein Blick auf den Wecker verrät dir die Uhrzeit.
5. Dem Boxer fehlt ein Schneidezahn.
6. Der Gast gab dem Kellner kein Trinkgeld.
7. Dem Gewinner gönnt man seine Freude.
8. Der Veranstalter verlieh den Teilnehmern eine Urkunde.
9. Die Tasche gehörte dem Herrn mit dem braunen Hut.
10. Dem Schüler mit den schlechten Noten in Englisch hat der Schüleraustausch etwas gebracht.
11. Glaubst du dem Zeugen seine Aussage?

12. Philipp erlaubte seiner Cousine aus Ankara das Benutzen seiner Spielekonsole.
13. Die neue Modekollektion für den Sommer kreierte Brigitte Kurzdorf.
14. Gabriel spionierte dem auffälligen Passanten hinterher.
15. Die Eintrittskarte zum Konzert hatte Annalena, die Aushilfskraft aus dem Vorverkaufsladen, besorgt.
16. Gülcan deckt eine gemeine Intrige auf.
17. Die Eintrittskarte zum Konzert gönnt Gabriel ihr.

Seite 51 *Zeitformen – Präteritum und Perfekt I*

Lösungswort: ZEITFORMEN

Seite 52 *Zeitformen – Präteritum und Perfekt II*

Lösungssatz: MAN VERWENDET FÜR DIE GESCHRIEBENE VERGANGENHEIT MEIST DAS PRÄTERITUM, FÜR GESPROCHENES DAS PERFEKT.

Seite 54 *Die Verwendung des Präsens II*

AM MITTWOCH, DANN, DEMNÄCHST, GERADE, IM AUGENBLICK, IM MOMENT, JETZT, MORGEN, NACHHER, NUN, NÄCHSTE WOCHE, SPÄTER

Seite 55 *Die Verwendung des Präsens III*

Zusatzaufgabe: *Ohne die Signalwörter ist nicht genau definiert, von welchem Zeitpunkt die Rede ist.*

Lesen

Seite 56 *Piktogramme I*

Lösungswort: SELBSTKONTROLLAUFGABEN

Seite 57 *Piktogramme II*

Lösungswort: SYMBOLE

Seite 58 *Genaues Lesen – Wer sagt was? I*

DENNIS, LARA, PETER

Seite 59 + 60 *Genaues Lesen – Wer sagt was? III Wegbeschreibungen*

Pizzabote 1: j, f, e, a → Ziel: Am Grüngürtel
Pizzabote 2: d, h, b, g → Ziel: Wilhelm-Gericke-Straße
Pizzabote 3: l, k, c, i → Ziel: Jathoweg

Seite 61 *Märchenmerkmale kennenlernen I*

1. Der böse Wolf, Rotkäppchen, Froschkönig, Rapunzel, Dornröschen, Schneewittchen, Hänsel
2. Schneeweißchen, Frau Holle, Sterntaler, Aschenputtel, Rumpelstilzchen, Die sieben Zwerge

Seite 62 *Märchenmerkmale kennenlernen II*

Auszumalen sind: Handlung spielt zu keiner bestimmten Zeit, es tauchen typische Figuren auf, die Figuren sind oft gegensätzlich, Formelhafter Textanfang: Es war einmal…, Formelhafter Schluss: und wenn sie nicht gestorben sind…, unlösbare Aufgabe für den Helden, „magische" Zahlen: 3, 5, 7 oder 13, ungewöhnliche Helfer, magische oder übernatürliche Kräfte, Zaubersprüche oder Reime, die Guten gewinnen, die Bösen werden bestraft, Figuren haben oft keinen herkömmlichen Namen, verwunschene Orte

Seite 65 *Märchenmerkmale identifizieren III*

Lösungswort: UHRMACHER

Seite 66 + 67 *Genaues Lesen – Fehler in einem Märchen finden I + II*

1. Schneewittchen, Aschenputtel, Hänsel und Gretel
2. Frau Holle, Aschenputtel
3. Die Prinzessin auf der Erbse
4. Der Froschkönig
5. Tischlein deck dich, Dornröschen

Lösungswort: DER GESTIEFELTE KATER

Seite 68 + 69 Genaues Lesen – Fehler in einer Erzählung finden I + II

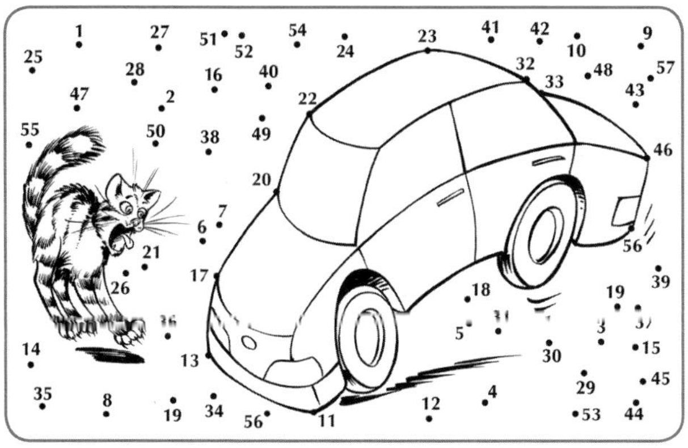

Seite 70 + 71 In Sinnabschnitte gliedern I + II

Die letzten Wörter der Sinnabschnitte lauten: Zwergottern, Kilogramm, benutzt, Philippinen, erwiesen, gewünscht, wird, nachzudenken

Seite 72 + 73 Zwischenüberschriften zuordnen I + II

Die korrekten Gegenstände sind: Topf, Igel, Eimer, Radiergummi, Würfel, Esel, Lastwagen, Torte

Lösungswort: TIERWELT

Seite 74 Sinnentnehmendes Lesen I

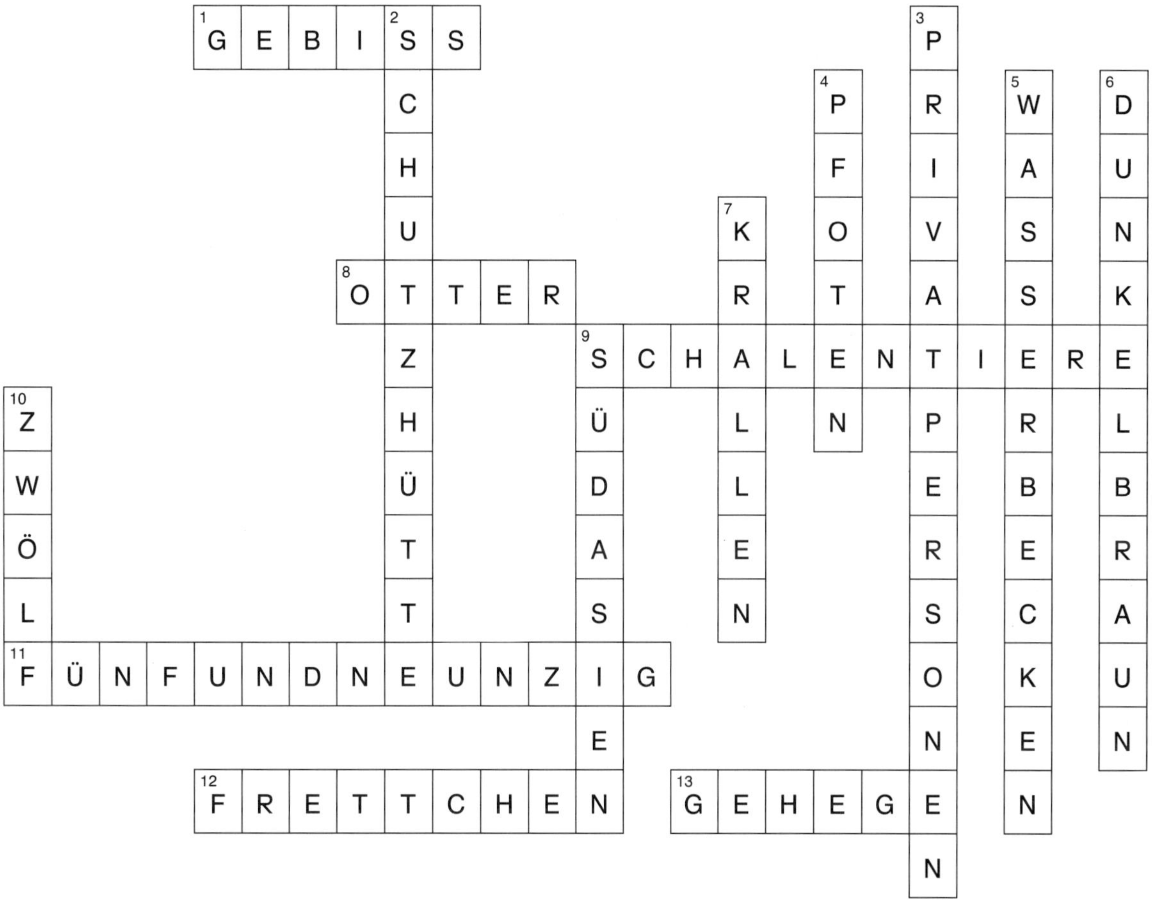

Seite 75 Sinnentnehmendes Lesen II

Lösungswörter: RAUBTIER, REISFELD